あなたの知らない原価の世界

山中 伊知郎・著

山中企画

あなたの知らない原価の世界

山中 伊知郎・著

山中企画

はじめに

「原価」という妖怪

「原価」はまさに妖怪だ。変幻自在にヌルヌルと人の手をすり抜けていく。

たとえば「原価は安いのに小売価格は高い」と誰もがイメージする代表的なものが化粧品。まずその中身や容器を作るための「材料原価」があって、作る人たちの「人件費」や作るために必要な工場の水道光熱費などの「必要経費」もある。これらをひっくるめて「製造原価」となる。そこにさらに営業、経理などの社員の給料、広告宣伝費など販売、管理に欠かせない費用もひっくるめて「総原価」となる。さらに新製品開発のための膨大な研究費もある。

一般的には、「材料原価」こそが「原価」なのだと思われがちだが、見方によって、コロコロと姿を変えていく。

出来上がった商品は、卸売業者や小売業者に流れていくわけだが、ここにも「仕入れ原価」が存在する。

つまり、ひとつの商品に、何種類もの「原価」がついてくる。

モノが商品ではなく、サービスだったりすればさらにわかりづらい。

仮に「デリヘルの原価はいくら?」と聞かれたら、どう答えればいいだろうか。客が支払う料金のうちの女性の取り分は5割から6割といわれているが、それがはたして原価にあたるのか? 事務所の家賃やホテルへの送迎費用などを含めた必要経費もまた含めるべきなのか?

正直、判断がつかない。

同じ「せんべい」という商品でも、機械で大量生産しているものと、手焼きで1枚1枚職人が焼いているものでは、まったく「原価」は違う。原材料の価格にしても、国産か、輸入物かで大きく変わってしまう。

しかも、社会の状況に応じて、刻々と変化するのだから始末が悪い。

ここ数年でいえば、大きな影響をもたらしたのはなんといっても「コロナ」だ。マスクの小売価格の一時的高騰や、以前なら名前も知らなかったフェイスシールドの需要が伸びるなど、数々の異常事態が起きたが、「原価」に限ってみても、いろいろなものが大きく変動している。

一例をあげるなら、段ボール。急激なリモートワークの普及もあって、宅急便の量が急増。段ボールの利用も増えたおかげで、原材料価格まであがってしまった。

とにかく、掴まえ所がない点では「ぬらりひょん」に勝るとも劣らない妖怪だ。

実は私が、この妖怪と初めて遭遇したのが約20年前。インターメディア出版という会社に「原価をテーマにした本を出せば面白いんじゃないか」と提案して企画が通り、『これが「原価」だ!!』という本を出した。もちろん当時も、いきなり会社の広報部などに連絡して、「原価教えてください」と頼んでも答えてくれるはずもなく、古くからの友人、知人、その人たちの紹介、また飲み屋で偶然出会った人、パーティーや異業種交換会で知り合った人などを中心に取材して話を聞いた。

取材先を探すのに骨は折れたものの、いろいろな業種の「値段が決まるシステム」を聞けたのは、とても楽しかった。

で、２０１９年正月号から週刊アサヒ芸能に『あなたの知らない原価の世界』を連載するようになってからも同じ。骨は折れるが、楽しい。

「妖怪ウォッチャー」として取材を重ねて来た3年間、ぜひその成果を読んでいただきたい。

令和3年12月
山中伊知郎

『あなたの知らない原価の世界』目次

第一章

食べて、飲む『原価』

メロン
なぜ同じメロンが、売る場所で3倍も値段が違うのか？

果物の中での「高級食材」といったら、誰もが浮かぶのがメロン。ビニール栽培などで1年中生産されるとしても、やはり6月から7月あたりが一番の旬だ。

ただし、メロンと一口にいっても、厳然としたランクがある。「果実の王様」といわれるマスクメロンと、スーパーなどでも1個500円くらいで売られている「アンデスメロン」「アムスメロン」などでは、価格も形状も格段の差がある。

だいたいマスクメロンは、八百屋で買っても1個5000円はするのが普通だ。こうしたマスクメロンのように大きな実は、1本のツルに果実は1個だけのつるし状態でしかできない。

ドラマ『ドクターX』に登場するような贈答用に使うのがまさにこれだ。家庭で持ち帰って食べる、といった需要はそう多くはない。

メロンの栽培面積、生産量ともにダントツ1位なのは茨城。年間約4万トン収穫されている。続いて熊本と北海道が約2万トン程度。その他は東北から九州まで様々な地域で栽培されていることから も、メロンは比較的育てやすい部類の果物だといえる。

もっとも、高級メロンともなれば、まず土づくりからして手間がかかる。収穫を終えてから半年以上はしっかり土地に休みを与えて地力の低下を防ぎつつ、土の状態をとても細かくチェックしていくのだ。果実が育つシーズンになっても、大きいメロンを作るために、小さな果実は頻繁に摘み取っていく。

高級メロンとなると、まず連想するのが「夕張メロン」だが、これは基本的には北海道夕張市で作られているもの。特徴は、果肉が鮮やかな赤で、口に入れるととろけるようにやわらかく、甘くて、とってもジューシー。ただしそのブランドイメージを守るためもあって、シーズンの5月から8月までしか出荷をしない。

そのため、生産量も流通量もそう多くない。東京で流通するマスクメロンの場合、最も多いのが静岡産だという。

この静岡産マスクメロン、収穫時に厳しい検査があるのでも知られている。地元で出荷予定のメロンを無作為抽出して、「糖度」や「熟度」それに「風味」などの味の部分とともに、全体の形、ネットの張り具合やきめ細かさ、ツルの美しさなどを細かくチェックしていくのだ。意外に、このツルの美しさが大切で、他が良くてもツルが今一歩だと、ランクが落ちてしまったりもするらしい。また、大きさも、大きすぎても小さすぎても評価は下がる。重さ1～1．5キロくらいのほどよいものがいいのだ。

それで100個に1個あるかないかといわれるくらい希少価値がある「富士」。これは時に1玉10万円レベルの小売価格が付くこともある最高級品だ。続いて「山」「白」「雪」といった等級が決められていく。

価格的に見たら、街の八百屋などの場合、市場での仕入れ価格が通常で1個2000～4000円くらい。等級でいえば「雪」が多い。それに利益を乗せて4000～6000円くらいで売る。「山」の仕入れ価格は、ほぼ「雪」の倍くらいだ。

だが、そこから、他の果物とは違う、メロンならではの特殊な価格設定がある。売っている地区によって、小売価格がガラッとかわるのだ。東京でいえば、仮に江戸川、葛飾で5000円だったのが、隅田川を渡って台東区に行けば7000～8000円、銀座なら1万8000円、なんてこともありうる。売っている場所で、これだけ価格に格差のある果物と言うのは、他にちょっと考えられない。

もちろん、等級の違いはある。銀座の一流店なら、まず使う等級は「山」以上。だが、仕入れ価格がたとえ倍になっても、小売価格が3倍以上なら利幅は圧倒的に大きくなるはずだが、そう簡単なものでもない。

仮に1万8000円の「山」のメロンを6000円で仕入れたとして、桐の箱に入れれば、箱代が最低でも1000円以上。しかし桐箱には独特の高級感がある上に通気性が良く、湿気や空気を逃がしてくれるから、冷蔵庫にそのまま入れても、メロンを食べごろともいえるいい状態のまま保存してくれる。

さらに店舗の家賃、ないしは地代、関わっている従業員への人件費などを考えれば、仕入れ価格を含んだ必要経費は1万円は下らない。

そこから先が、まさに「ブランド代」ともいえる利益分となる。

消費者は、「銀座で売っている、高価なマスクメロン」だからこそおカネを出すのだ。また、サービスだからと、トータル経費1万円のメロンを1万2000円で売っても客は喜んでくれない。ある程度、高くないといけないのだ。つまり「価格をダンピングした高級品」は「高級品」ではないわけだ。

デパートなどでも事情は変わらない。通常は「山」クラス、場合によっては「白」クラスのものも含まれたりするのだが、価格はあえて2万円近くに設定したりする。価格をあえて高くした方が売れるのだ。

もとより「街の八百屋」で、月に売れるマスクメロンは、普通、せいぜい3～4個くらいしかないらしい。

元来が、「ブランド」を売る商品といえる。

マグロ

大間のマグロと養殖マグロ、それぞれの行き先は？

マグロというと、どうしても新年の初セリが脚光を浴びがちだが、いわゆる「旬」の時期はクロマグロ、キハダマグロ、メバチマグロなどの種類によっても違うし、そもそも回遊魚なので、獲れた場所によっても違う。

有名な青森・大間のマグロにしても、冬場にそこにいいクロマグロがやって来るということで、同じマグロがたとえば夏にはアメリカ西海岸沖を泳いでいるケースも十分にあり得る。

さて、ここで最高級とされるクロマグロの値段だが、大間で取れた初セリの一番マグロには億単位の値段がつくこともある。２０１９年には3億３３６０万円の値もついた。が、あれはあくまで新年の景気づけにすぎないわけで、いわば「ご祝儀相場」だ。通常は数百万円単位くらいで取引されることが多い。

クロマグロなら、まず引揚港から漁協がトラックで豊洲に運んで、市場を仕切っている大卸と呼ばれる業者が引き受け、セリを通して仲卸業者が買い取る。そこから寿司屋、料理屋、魚屋などに流れていく。スーパーなどにはクロマグロも行くが、キハダマグロや、メバチマグロの方が比率的にはやはり多い。

競り落とされたマグロについては、そのうちの3～5％くらいが大卸の取り分になり、80～90％くらいは獲った漁師の手元に入るといわれる。つまりセリ値200万なら160～180万円だ。あとは輸送を担当する漁協などが取る。豊洲では、マグロのセリに参加する仲卸はほぼマグロ専門で、店によって100キロ200キロの大物を扱うところと、小物ばかりのところまで分かれている。だから、時によっては、ある特定の店にいいマグロが集中し、まるでそこが値段を決めているような状態になる時もある。

そもそも冷凍物ばかりが専門で、ナマのマグロは一切扱わない仲卸もいる。

なぜわざわざ豊洲まで運ぶかといえば、地元の市場よりそちらの方が高く売れるから。高級魚の需要となれば、やはり東京でなくては、なかなかない。

仲卸はマグロを解体し、ブロックにして売るのだが、部位によって値段も変わる。大トロたっぷりの下腹にあたる「腹かみ」部分なら、大間産なら仲卸からの仕入れ値はキロ4～5万円したりもする。これを銀座の高級寿司店が買うと、大トロ寿司1貫（ネタは15～20グラムくらい）2000円とかの値がついてしまうわけだ。

実は、仲卸の力量は、こうした、高く売れる「腹かみ」の部分を売ることばかりではない。1本を分けて売っていく限り、くちばしのあたりの「かま」や赤身部分を含めたそれ以外の部分を、どれだけ買ってくれる顧客がいるかが大事なのだ。「いいものを売る」という日ごろの信用がなければならない。

小売は、それを5キロ単位などのブロックで買い、「柵」に切って利用する。小さい料理屋なら、5キロで1週間はもつらしい。

1本全体の平均でいくと、大間産クラスならキロ1～2万、それ以外でもクロマグロなら最低5000～6000円はする。

マグロは内臓を抜いて氷詰めや冷凍にすれば長く保存できるので、日本各地はもちろん、世界中から運んでこられるのが強み。アイスランドやアメリカ東海岸などで獲れる天然モノは、たとえトロでもキロ1万円以下なんていうのが普通で、味はほぼ変わらない。アイスランドの海などは冷たくて、たっぷりと脂がのるのだ。

また別名・インドマグロとも呼ばれるミナミマグロも、やや脂ののりは落ちるが、味の点では、かえってあまりクセがない分､クロマグロよりもおいしい、という愛好家も少なくない。寿司屋の中には、「ウチはインドしか使わない」

と言い切るところもあるとか。インド洋のほか、オーストラリア沖など、南半球を中心に生息していて、オーストラリアでは、特にこのミナミマグロの養殖は盛んだ。年間数千トン単位で日本にも輸入されている。

値段もクロマグロよりもお手頃。たとえ売り値の一番高いトロ部分でも、キロ1万円超えるのはめったにない。

これが回転寿司でもよく使われるメバチマグロなら、仕入れ値はキロ数百～2000円くらい。つまり1貫分の原価は20～40円くらいになる。もっともメバチマグロなどになると、わざわざ豊洲市場を通さずに、回転寿司チェーン店が直接、地元の漁協と取引をして仕入れるといったケースも少なくない。

近年は、養殖マグロも出回っており、中でもクロマグロを卵の段階から養殖施設で完全ふ化させた「近大マグロ」がよく知られている。あえて、あまり運動させないで育て、「全身トロマグロ」と呼ばれるほど脂が多いのが大きな特徴だ。これで仕入れ値もキロ4000～5000円なので、天然モノに比べて割安感はあるのだが、市場関係者によれば、さばいてすぐはうまいのだが、どちらかというと日もちがしないとか。だから、寿司屋でも、チェーン店とか、繁華街で客数が多く、回転率が高いようなところとかに向いているらしい。

マグロ通の中には、マグロの味は、食べたエサで決まる、という人もいる。やはり日本海でイカを食べていたような天然モノは配合飼料で育ったような養殖モノとは比較にならない、との声もある。

しかし、世の中。そんな食通ばかりがいるわけではない。果たして一般の人たちにそんな味の違いはわかるのか？

そばとうどん

コロナで強かったのは出前の多い店。しかし核家族化で利益は減少気味か!?

コロナ禍は飲食業界に深刻な影響を与えたが、たとえばそば屋などは、店ごとの販売スタイルで、売り上げへの影響はだいぶ違ったという。要するに、出前が全体の半分以上を占めるところは、そんなに変わらなかったのが、手打ちが売り物で、店内の客がほとんど、といった店は、どこも軒並み売り上げが半分以下になったとか。

さて、そのそばの原価だが、そば屋で、仮に1人前600円で出しているもりそばを例にあげると、まずはそば粉。通常はキロ800〜1000円くらいのものを使う。それにつなぎ用の小麦粉、いわゆる「割り粉」を混ぜる。こちらはキロ200〜300円以下だ。街のそば屋では、だいたい「そば粉：割り粉＝7：3」から「8：2」くらい。これが立ち食いそばなどでは、一気に割り粉の比率が高まるわけだ。

もりそば1人前120グラムくらいとすれば、まずそばの材料原価は100円くらいと考えればいい。

実は、鰹節、サバ節をダシに使い、醤油、みりん、砂糖などで味を調えるそばつゆの方が材料原価はかかっていて、1人前で100〜120円くらいになる。しかも、あらかじめ作ったつゆは、カメに入れて2〜3週間寝かしてまろ味を出すなど、工夫している店も多い。大量生産のつゆを使う立ち食いそばなどとは、原価も手間も違う。

つまり、ざっと材料原価率は30〜40%といったところか。

かけそばについても、そばとつゆの原材料費はさほど変わらず、たぬきそばなどは、原価10〜15円の揚げ玉と10円以下のナルトを加えただけで価格を100円アップにできたりするために、原価率は下がって店にはプラス。

全体として、もり、かけの600円をベースとして、トッピングなどの付属品がつけばつくほど、店にとってプラスは大きくなる。

天ぷらそばなら、エビ天を2本乗せたとして、エビの材料原価が1本100円で、価格が1150円ならば、エビ1本で100円以上の上乗せができたことになるのだ。

ここ数年の傾向として目に付くのは、「つけ麺」のように、つゆの中に具を入れるタイプのそばが増えていること。出前でも店でも人気らしい。

しかし、そば店店主によれば、店の経営を揺るがしかねない、より深刻な傾向が。5～10人前といった大口の出前がほとんどなくなって、せいぜい2～3人前の小口が多くなっているのだ。そりゃ、効率的には、大口が多ければ多いほどありがたいわけで、明らかに出前の利益は減っている傾向にある。

核家族化から1人暮らしの急増は、街のそば屋を直撃していたのだ。

一方、うどんの原料といえば、まずは小麦粉。それに塩水を混ぜ、多くの店では酢などもちょっとだけ入れて固める。コシのあるうどんを作るためにはプレス機で圧力をかけるなり、足で踏むなりもする。それで丸1日くらいは熟成させた上で、うどんの太さに切る。

で、「かけうどん」1杯500～600円くらいの、いわゆる街のうどん屋でも、食材原価はけっこう安い。

小麦粉は、国産でも5キロ1000円前後で、これでうどん70食分くらいは作れるので、塩水や酢の値段まで含めても1人前20～30円以内でできてしまう。たとえツユに1杯80～90円くらいかけたとしても、刻みネギなどまで含めても100～120円くらい。

いわゆるチェーン店や立ち食いうどんの店になると、大量生産で、さらに食材原価もその半額近くに圧縮してしまうともいわれている。もっともこちらの「かけうどん」1杯は300円前後が普通だが。

つまり、飲食関係の中でもうどんは原価率が低いのだ。材料のそば粉が高いそばに比べると10～20％は低い。

もっとも、実は、街のうどん屋でも1食70～80円くらいする冷凍のうどんも併用している店が多いらしい。うどんは1度作ると長持ちしないため、余ると廃棄しなくてはいけない。冷凍物があると、うまく数を調節できるし、早く出せる分、時間を短縮できる。つまり使うととても効率的なわけだ。

実は、手作りのうどんは、1度、茹でておいて、注文があるとまた茹でなおす「2度茹で」で出す店が多いのだ。注文に素早く対応するためなのだが、その分、手間もかかる。だから1度の茹でですむ冷凍うどんは使い勝手がいい。

もともと原価率の低いうどん、トッピングなどを加えると、そばと比べても利幅はさらに大きくなる。

たとえば冬場に強い「なべやきうどん」。うどんとツユで、まず100～120円くらいとして、それに原価100円前後のエビ天、20～30円の玉子、ナルト、しいたけ、ねぎ、かまぼこなどに100円くらいかけるとして合わせて300～350円くらい。これを店では1000～1200円くらいで出す。

コロナショックの中でも、さほど大きく売り上げが変わらなかったのもうどんの特徴かもしれない。なぜか子供たちがそばよりうどんを好む傾向があり、ファミリー向けの出前やテイクアウトでも、うどんはなかなか好調なのだ。

カレーライス

なぜホテルで出るカレーは、妙に値段が高い気がするのか？

長く続いたコロナ禍の影響で、飲食店は売り上げが大幅に落ち込んでいったところも多かった中、たとえば大都市近郊のカレー店などは、横ばいか、かえって例年に比べて増えているケースも目立ったとか。

理由はいろいろ考えられる。２０２０年などは学校の休みが続いたためか、ランチなどは、普段ならほとんど来ない子供連れのファミリー客が平日でもけっこう来たことや、どうしても家庭で作るカレーを食べる機会が増えたため、たまには外で違ったカレーを食べたい、との需要が生まれたともいわれている。

中でも、かつては珍しかったインドカレーの店などは、近年、だいぶ増え、しかもふだん食べるカレーとは違うスペシャル感もあって、けっこう繁盛店が多い。

そんな、店で出すインドカレー、たとえば材料原価はどれくらいなのか？　一応、1杯700円程度のキーマカレーを例にとってみていきたい。

カレーのルーだが、「ズンドウ」と呼ばれる大きな鍋で、だいたい1度で100人前くらいは作る。使用する肉は、キーマの場合、キロ1000円程度の豚のひき肉と、1000～1500円くらいする羊のひき肉が主だが、6キロ使うとして6000～9000円くらい。

玉ねぎは25～30個くらい使っても2000円以内では収まる。その他、店によって、入れる野菜は様々にしても、インドカレーならばホールトマトを使うことが多い。これも2000円以内で収まる。

となるとあとはスパイス。カルダーモンのような、比較的単価の高めのものから、ターメリックのように最低必ず欠かせないもの、コリアンダーのようにエスニック料理には定番のもの、それにおろしニンニク、おろしショウガ、味噌まで使う店もある。これが家庭で作るカレーのカレー粉にあたるわけだが、店によっての特徴の違いが最も出るところ。2500～3000円くらいはかかる。

米は100人前で10キロ使うとして3000～4000円。つまり材料原価は100人前2万円前後として1杯200円前後。材料原価率は約30%で、人件費を加えて50～60%くらいといったところか。

最近は、化学調味料を使わないインドの田舎のカレーを再現して出すような店が、ちょっとしたブームにもなっていたりする。実は、インドでは調味料は塩だけでダシはとらず、その分、肉をいっぱい入れるのが普通。

日本だと肉が少ない分、どうしても化学調味料で補わないと味が出せなかったりする。それをあえて、インド同様、調味料に頼らず、素材で勝負するわけだ。食品添加物の弊害がよくいわれるようになった昨今に、うまくフィットしている。

あと、見た目がオシャレなスパイスカレー系も、女性などを中心に人気があるらしい。たとえばカレーの上にタンドリーチキンが乗ったり、ローストしたカシューナッツをトッピングしたものとか。酸味を効かせたレモンカレーも、じわじわと人気を上げている。

高級カレー店になると、牛テールを何回か煮込んだフォンドボーからダシをとったり、肉に国産高級和牛を使ったりして単価を上げていく。中には、伊勢エビカレーで1万円、なんて値段がついたことはあったが、あれこそ素材の価格。カレーのルーそのものが通常の店の10倍とかするわけではない。だいたい3000~5000円する、都心の超一流ホテルのカレーライスの場合も、やはり多くはフォンドボーやブイヨンを使ってダシをとってスープを作る。これがカレーのベースになるわけだ。1日から2日はじっくり煮込んで作るため手間はかかるとしても、別にこれはカレーに限ったものというわけではなく、他の料理にも使うわけだし、それらをトータルで考えると材料費自体はさほど高額ではない。

米も、いくら高い銘柄米を使うといっても、せいぜい10キロ1万円以下。それほど材料原価の中で占める割合は高くない。

いわゆるビーフカレーで、価格3000円とすれば、どのクラスの牛肉を使うかで違うとしても、材料原価そのものはせいぜい600〜800円以内。

原価率20％台なら大儲けではないか、と思いがちだが、そうはいかない。何と言っても料理人の人件費が高い。ブランドを維持するためには手間をかけて料理を作るのが必至であって、そのためにはキャリアを積んだ、高い報酬の人をできるだけ数多く雇わなくてはいけないのだ。配膳するウェイターも同様だ。

またホテル空間で、独特のゴージャス感を出すために内装にも予算をかけなくてはいけない。とともに、客も居心地が良ければ、なかなか席を立たないのだから、回転率の良さもあまり期待できない。そのため、一定時間、座席をおさえる「席料」も、当然、価格の中に入ってくる。

あえて、ホテルにおいて、そうした高価格体質を抑えるために多用されているシステムがバイキングだ。

カレーバイキングにしても3000〜4000円くらいのお手頃価格で何種類ものカレーに、サラダやアイスクリームまで付くようなコースがたくさんあるが、ウエイターも減らせて、しかも効率的に作るために調理人も半分程度。食材も食べ残しの無駄が少なく、単品の8割くらいですむ。しかも客の回転率が高い。人件費が半分程度にはカットできるため、材料原価を30〜40％にあげても採算ラインは維持できる。

だからこそ、コロナで一時的にストップしたバイキング・コースも、続々と再開したのかもしれない。

焼き鳥

案外、ばかにならないのが炭代と串刺し代だった!?

ビールといえば、焼き鳥。

さて、その焼き鳥だが、たとえばレバー1本とっても、40～50グラムで１２０～１５０円くらいから、70～80グラムで２５０～３００円くらいの店など、店舗によって価格も様々。当然、使う鶏肉のレベルによっても、値段は変わってくる。

そこで、一応、１本２５０円前後の店を基準にして、材料原価をみていこう。

国産の若鶏で、レバーはほぼキロ６００～７００円。これで14～15本分はとるとして、1本50円以下で、材料原価だけでみると20%前後と、かなり低い。しかし炭代がまずかかるのと、そこそこの規模の焼き鳥専門店ならば、串刺しをしてくれるパート従業員を雇わないといけない。焼肉屋なら、いい肉を使っても、焼くのは客。それに対して、焼き鳥は焼くまでに人件費がかかるのだ。

部位で行くと、皮はキロ400～500円で14～15本はとれるので、レバーよりもさらに原価率は下がるのだが、1本刺すのに時間がかかる。手間が大変なのだ。トータルで1日1000本出るくらいの店なら、パート3人で5～6時間、時給1200円くらいとして1日2万円前後のプラスの支出がかかり、炭代でも月3～4万円はかかる。串は1000本で3000円とか、それほどはかからない。

では、代表的な部位のそれぞれの原価率を見ていくと、低いのは、まずハツだ。キロ700～800円くらいで20本以上とれる。

ツクネの原料となる粗びきのひき肉はキロ800～900円くらい。もっともツクネの場合は、串に刺して余った皮の端っこをはじめ、団子にするときに別の部位の細かい肉も混ぜて固めるために、10～15本はとれるから、そう原価率は高くない。案外高いのが手羽先。キロ600～700円ながら、とれる量が少なく、とても10本までにはいかない。ササミはキロ1000円くらいするが、15本以上はとれるので、原価率は平均くらいだとか。とにかく、店にとってありがたいのは、鶏肉の場合、野菜などと比べて仕入れ値が割と安定しているところだという。

コロナ前までは、インバウンド景気もあり、ファミリー層、女性層の人気もアップして、焼き鳥店の多くは盛況だった。コロナに入ってから、緊急事態宣言などで厳しい状態は続いたものの、それまでは国産牛の「白もつ」や、トマトチーズを混ぜたツクネなど、新たなヒットメニューも続々生まれている。

焼き鳥は、常に進化しているのだ。

あん肝

国産と外国産との圧倒的な価格差。味にも大きな違いがあるらしいが……。

「西のふぐ、東のアンコウ」と言われるくらいに、おいしい魚の代表格なのがアンコウ。

鍋料理に使う冬の食材のイメージが強いが、流通や加工技術が向上した今では、冷凍などで季節を問わずにうまいアンコウが食べられる。

中でも、アンコウの肝である「あん肝」は、濃厚な味わいと舌触りから「海のフォアグラ」と呼ばれて珍重されている。うま味のもとは、たっぷりと含まれた脂肪分で、これはエサの少ない深海に住むアンコウが、栄養分を出来るだけ肝臓にため込むからだとか。実は、このあん肝くらい、産地によって仕入れ原価が違う食材はない。日本に入るあん肝の海外産地といえば、まずは中国、韓国、それにアメリカの東海岸などからも入ってくるという。価格はだいたいキロ５００～１０００円。「あんきもポン酢」

などで料理店が店で出すとしたら、1キロで20人前くらいとれるために、ワカメや昆布をあえたりしても材料原価は100円以内で出来る。1人前500円とかで出せば利益率の高い料理になる。

ただ、皮を取ったり、付いていた虫や血を抜いたり、アルミホイールで丸めて蒸しあげたり、それをさらに水で冷やしたり、いわゆる「仕込み」に1キロ1時間くらい。手間はとてもかかるのだ。

が、これが北海道、青森、茨城などで獲れた国産あん肝となると、途端に仕入れ値が、安い夏場でもキロ5000円以上、旬の冬場は2万円にまで跳ね上がったりする。そうなると、1人前500円というわけにはいかず、最低でも1500~2000円になる。

食べてみると、違いがすぐにわかるらしい。海外産は、どうしてもパサパサしてることが多くて、臭みも残るが、国産はなめらかで、口の中でスーッと消えていく感じで、ほぼ臭みもない。

結局、どちらを使うかは、来る客筋でほぼ決まる。銀座などで一流をうたっている店なら、まず国産しか使わないだろうし、街の居酒屋なら、ほぼ外国産。小料理屋などでは、ときたま、たとえば国産のあん肝をフライパンで焼いてステーキソースかけて2000円以内で出したりするが、あくまでサービス。原価率は50~60％以上になってしまうから儲けなし。それでもあえて出すのは、やはり「この店はこういう料理も出せるのか」といった、顧客の信頼度を高めるはたらきを狙っているからとか。

そして、なぜか高値の国産と安値の外国産の中間、といった価格帯の商品がほぼない。もしもキロ2000~3000円の「国産あん肝」があったら、まず海外産を国産とうたっている、と疑ってかかった方がいいらしい。

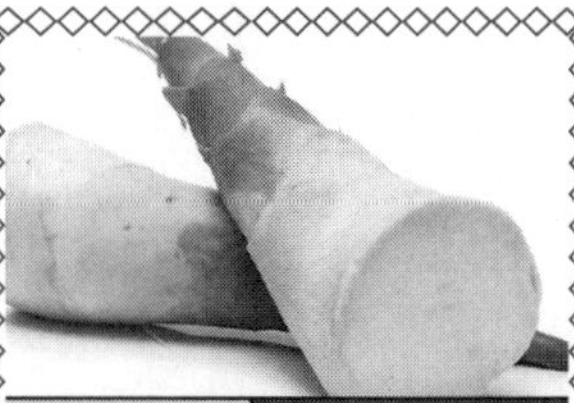

タケノコ

国産に負けないくらいおいしくて、しかも安いタケノコが！　さて、その産地とは？

タケノコのシーズンといえば、やはり春。「タケノコ掘り」も、ちょうどゴールデンウィーク前後が最も盛り上がるわけだが、実は本当においしいのは、2～3月ころだといわれている。タケノコは、土から出て、大きくなってしまったら、もうカタくなった上にエグみが出て、刺身でも天ぷらでも、うま味が落ちて、店では出せない。まだ出る直前の柔らかいものが最も高級品なのだ。

アスパラが、土の中で出来たホワイトアスパラの方が、外に出たグリーンアスパラよりも柔らかくて味もいいのと似ている。

国産タケノコの場合、長さ10センチくらいのが1本で、料理店などの仕入れ値が６００～７００円くらいになるとか。で、店の方は、たとえばタケノコの刺身ならば、その半分を使って８００～

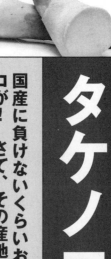

900円くらいの値を付けたりする。筑前煮のような料理では、タケノコは1人前1～2センチ分くらい入れて、あとはシイタケ、サトイモなど別の具も加えた上で600～800円くらいで出したり。おいしい産地は、「桜前線」のように刻々と変わっていく。2月くらいなら鹿児島、熊本あたりがいいのが、3月には近畿から中部を経て4月には関東以北とか。

これが中国産になると、仕入れ値は300～400円くらい。ただ、その中国よりももっと安くて、しかもおいしいところがある。北朝鮮産だ。山があまり開拓されておらずに竹林がたくさんある上に、盆地が多い。寒暖差が大きく、湿度も高めの盆地が、タケノコの生育には適しているのだ。味も国産に負けないレベル。

もちろん北朝鮮からの直接輸入ではなく、これもまた中国経由になる。ただ普段は輸入物も多いが、コロナ禍の中では、輸入物はだいぶ減って、国産の比率が上がっていたとか。

もっとも、それは高級タケノコの話。コンビニの弁当などに使う安価なタケノコは、やはり中国産の、水煮や缶詰に加工されたようなものの比率は高い。1本の仕入れ値は100円以下で、それを細切れにして弁当10個の中に分けて使ったり。当然、大きくなって、エグみも出始めているのも多数含まれている。

とにかく生モノを食べる文化が定着している日本ではタケノコの品質に強いこだわりがある一方で、中華料理でタケノコを使う場合は、火も通すし、細く切って濃い目の味付けをするのが普通なので、そんなに品質にこだわらない、という話もある。

新鮮なタケノコの刺身のうまさは、和食ならではの醍醐味だろう。

茶葉

山側の茶畑でとれた茶葉は味が濃くてやや荒っぽい。海に近いところの茶葉は繊細で上品!?

新茶の摘み取りも終わり、一番茶が出回るといわれているのが5月から6月。もっとも最近では、お茶といえばペットボトルで飲むもの、といった風潮が広がりつつあり、業界関係者によれば、茶葉がペットボトル業者に優先的に買われたり、急須を作っている業界が需要が減って困っていたり、影響はだいぶ広がっているらしい。

取引の形態も昔に比べて、だいぶ変わってはいるという。たとえば昔なら、茶葉が50キロ入るような木の茶箱で売買されていたものが、今はアルミの真空パックで5キロごとに小売店に入って来たり。もっとも、お茶屋で売られるような商品の場合、ある程度、長年続いた流通ルートは維持されている。

まず生産者。収穫した茶葉を製茶工場に運び、蒸したり、揉んだり、乾燥させたりして「あら茶」

の状態にする。この段階でJAが関与するケースもある。あら茶を買い取るのがお茶問屋で、そこでは茶葉の大きさを揃えるために刻んだり、よりおいしいお茶にするために他の茶葉とブレンドさせたりする。で、小売店は、その問屋から仕入れるのだ。

今、スーパーなどで売られる最も一般的なお茶の小売価格は100グラム300〜500円くらいだが、小売店でわざわざ買うなら1000円前後の価格帯のものがけっこう多い。だとしたら、通常、あら茶段階ではJAの取り分も含めてキロ4000〜5000円くらい。それが問屋での加工も加わり、だいたいキロ6000〜7000円くらいの卸値で小売店が引き取る。

「玉露」「抹茶」などの名称はあくまで銘柄で、取引上では、どこの地域の、どの農家でとれた茶葉か、が重視されるとか。業界関係者によれば、山側の茶畑でとれた茶葉は味が濃くてやや荒っぽい。海に近いところの茶葉は繊細で上品とか、それなりの特徴があるらしい。

取引の現場でも、わざわざお椀にお茶と熱湯を入れて味と香りをチェックする「試飲」も行われるため、舌と鼻を鍛えたプロでないと、レベルの低い茶葉を高値で買ってしまうようなミスも多くなるとか。生産者と問屋、問屋と小売店の間では、常に「より高値で売りたい」「より安値で買いたい」のバトルが繰り広げられているわけだ。

茶葉生産県の1位と2位は鹿児島と静岡が争い、なぜか3位は、生産量では愛知などなのに、販売量は京都だったりする。そこはカラクリがあって、実は、あら茶までは愛知で作って、仕上げは京都でやって「宇治茶」として売り出す、なんてことが多いのだ。やはり長年培ったブランド力は根強いのだ。

冷凍食品

「巣ごもり需要」で売り上げアップ！　突然、意外なアイテムがアジア圏でバカ当たりすることも!!

近年、すっかり食品のジャンルのひとつとして定着したものに冷凍食品がある。すでに調理、ないし下ごしらえをした上で、消費者は解凍、加熱するだけで食べられるお手軽さから、飲食店から一般家庭まで広く普及し、コロナ禍の「巣ごもり需要」もあって、さらに家庭用は売り上げが伸びているともいわれる。

では、その流通の仕組みはどうなっているのか？　1パック12個入りの冷凍ギョーザ、小売値で350円前後のものを例として見ていこう。

取引されるロットの最低単位は1ケース。ギョーザならたとえば12個入りが20パック入って、メーカーではそれを3500～4000円くらいで1次問屋に卸す。この1次問屋は、会社規模が大きいところが多く、それをより全国の規模の小さい２次問屋に４０００～５０００円くらいで卸し、さらに卸売り業者の手を経て６０００～６５００円くらいで小売店へ。もっとも巨大スーパーならば、メーカーから直接の一括納品は、もちろんある。全国に配送センターを持っているくらいの会社なら、普通、わざわざ問屋を通したりしない。だからこそ、１パック１８０円以下で仕入れて、２００円で売る、などということもできるのだ。同じスーパーでも、規模の小さいところなら、問屋から仕入れるのが普通だとか。

冷凍して、マイナス20℃の状態でコンテナに入れて積み込めば長時間の輸送も可能なので、輸出商品としても需要は多い。ことに日本食が普及し、船でも２～３週間以内で運べる中国や東南アジア諸国。特に基本的に関税がかからなかった香港は大切な輸出先だった。

ただ海外は日本以上に何がヒットするかわからない。20年以上前、突然、香港で稲庭うどんの冷凍がバカ当たりしたことがあって、輸出用のコンテナは、だいたい数多くのアイテムを詰めるのだが、コンテナごと全部が稲庭うどんになったりしたこともあったとか。しかしアッという間にブームも終わるので、どこで数を抑えるかの判断が難しいようだ。

その香港も、急激な中国化の進行で、今まで通りの取引は望めなくなっている。

それに変わる主要輸出先として期待されているのが、東南アジアでも、まだまだ市場規模の小さいフィリピン、カンボジアなど。特にフィリピンは在留邦人が多いのはもとより、若者人口も圧倒的に多く、冷凍食品の手軽さがウケてもいるのだ。

焼肉

値段の違いは肉次第。カルビでは差がつかず、タンを売り物にしようとしても……。

飲食店の中で、割にコロナショックの影響を受けなかったといわれているのが焼肉店だ。もともと無煙ロースターなど、換気設備が整っているのもあって、比較的、感染の危険が少ないから、ともいわれている。もっとも、ある焼き肉店店主によれば、売り上げはあまり変わらなくても、仕事量は2倍3倍になったとか。消毒の徹底もあるし、顧客の数を維持するためのテイクアウトの充実もある。たとえ店の前で焼肉弁当を売っても、利益はほとんど出ないが、客を逃がさないためにやるしかない、という。

さて、その焼肉となれば、やはり代表格はカルビ。いわば牛のお腹のバラ肉だが、店によってはチャックと呼ばれる肩ロースあたりまで、「カルビ」として提供される。

値段も、「黒毛和牛」と呼ばれるブランド牛から、交雑牛・経産牛・乳牛などの「国産牛」、さらにいわゆる「外国産牛」などによって違ってくるし、Ａ５、Ａ４などと言った肉の等級によっても違う。で、通常、焼肉店は、カルビならば原価率を40～45％くらいに設定して、肉屋から、あるいはメーカーから直接仕入れる。

もっとも、注意しなければいけないのが、肉の「歩留まり率」だ。仮に、キロ２０００円くらいのアメリカ産チャックを仕入れたとしても、筋や脂身など、解体する時の職人の技術で５～10％くらいの誤差はあるものの、使えない部分が40％前後は出る。ミンチにしたり、筋煮込みにしたりするとしても、得られる収益は微々たるもの。となると、２０００円で仕入れても実質使えるのは６００～７００グラム。もし１人前80グラムとしたら、材料原価は、タレなども含めて３００円くらいになる。だから、店で出す値段は６５０～７００円あたり。

松阪牛や佐賀牛などの和牛となると、これがキロ５０００円から1万円以上も普通にあり、そうなると１人前２０００～３０００円はつけないと、原価率は保てない。しかも高級和牛に限って、「脂がかんじゃう」、つまり脂が細かいところにまで入り込んで歩留まりが悪くなったりするのだ。

結局、カルビなどの赤身は、素材のグレードで価格設定も決まってくるので、店によって差別化するのが難しい。かえってタンなどを安く出して客寄せを狙う店もある。

タンも、ノドぼとけなども付いていて歩留まりが悪く、高原価のうえ国産ではなかなか数量が確保できないので、外国産のタンをキロ３０００円台で仕入れるなどして、ロスが2～3割。それでロスを取った６００～８００グラムが残れば、１人前１００グラムとして材料原価は４００～５００円。

これをあえて780円の値付けで出したりするのだ。

それがかえって、原料の素材を落としてカルビの値段を下げたりするより、客に喜ばれたりもするらしい。2000~3000円で食べ放題、などといった店も増えている中、ただ安ければ客が集まる、という時代ではないのかもしれない。

ところが、比較的、コロナの影響が少ないという人がいる一方で、焼肉店のコロナショックによる影響は深刻だ、と語る向きもある。

最も顕著な影響が肉の価格の上昇だ。甚だしいのがタンで、キロ3000円くらいだったものが、キロ6000円以上、つまり倍以上に上がったりもしているのだという。それほどではないが、ハラミも5割前後アップしたり、カルビも2~3割以上あがったり、軒並み仕入れ価格が急騰してしまった、と。

理由はいくつかある。まず牛肉の主要輸出国であるアメリカがコロナによって工場の稼働がスムーズにできなくなり、品薄になってしまったこと。また、有力な輸出国のひとつ・オーストラリアも干ばつで品薄になってしまったこと、さらに中国だ。もともと中国人は伝統的に豚肉に比べ、牛肉はあまり食べなかった。ところが最近になって、特に欧米風なグルメを求める都市部の住民を中心に、一気に消費が拡大。今では日本以上の牛肉輸入国になってしまった。その彼らが、もともとあまり食べなかった牛タンなども仕入れるようになり、結果的に、日本に入荷する分が少なくなってしまったのだ。要するに、需要に供給が追い付かなくなった末の価格アップだ。

中国の牛肉需要は減りそうにないし、品薄の状況はなかなかおさまらないかも。

第二章

着る、装う

『原価』

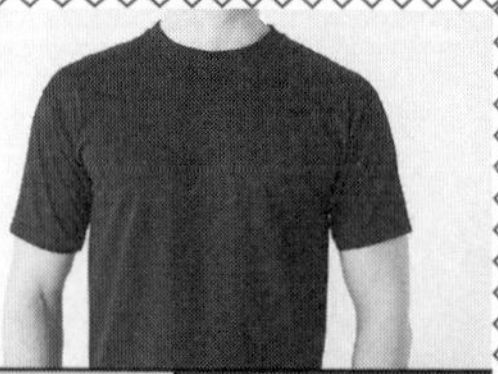

Tシャツ

「インナー」と「アウター」、この違いが価格格差のポイント！　そして「Tシャツ」と「カットソー」の違いとは？

手軽なアパレル商品の代表のひとつともいえるTシャツ。

だが、「高級品」と「大衆品」の差がとても激しいのだ。そもそも主に下着を作るインナーメーカーと主にジャケットなどの上着を作るアウターメーカーで、生産した製品の価格体系はだいぶ変わってくる。

インナーの安いものなら１０００～１５００円くらいが普通。一方、アウターメーカーとなると、いわゆるスポーツメーカーでも最低２０００～３０００円。超一流ブランド、いわゆるラグジュアリーブランドなら5万円から10万円もある。

もっとも、ブランド品はあまり「Tシャツ」とは呼ばず、「カットソー」などとして販売するのだが。

ニット素材の布地を裁断したり縫製して作る、という手順そのものはどちらも基本的には同じなわけで、1000円と10万円は、製造原価としてはどれほどの違いがあるのか？

まずメーカーといっても、インナーメーカーの多くは自分ではほぼ工場は持たず、原料の布地を入手して、それを下請けに出す。価格1000円台なら、綿100％として、いわゆる「天竺木綿」などの素材で1着分なら100～200円くらい。糸が太く、日用雑貨や布団の綿にもよく使われるものだ。これを主に中国や東南アジアなどに出し、100～120円くらいの工賃で作ってもらう。

インナーは、出来上がった製品は、ほとんどスーパーなどの量販店に流す。定価1000円とした ら、卸売り値はほぼ40～50％。決して5割は超えない。量販店側も大量の在庫を抱えるわけで、残ったらバーゲンで売るしかないのだ。

一方、アウターとなると、その中でも大きな格差はある。スポーツ系メーカーの製品なら、素材や工賃などはインナーとさほど変わらず、違いといえばせいぜい生地にブランドのマークを印刷するくらい。

アウター製品でも5000円台から1万円くらいのものになると、国内仕上げで工賃に400～500円くらい払ったり、そこそこ原価もアップする。こちらも、卸売り値は定価の40～50％くらいで、ブティックやデパートなどに入るものが多い。

インナーやスポーツメーカー系のものとなると万単位で作ったりするので薄利多売でもビジネスになる。一方、アウターの商品となると、せいぜい数百枚から千単位、その上、売れ残りが出るとまずバーゲン。それでもさばききれず、いわゆる「バッタ屋」が定価の何十分の1の値段で引き取るなんて当たり前。そうしたロス分も計算して、高値設定するしかないのだ。だから、かえってアウターの方が経営的には厳しいかもしれない。

さて、ラグジュアリーブランドの「カットソー」はどうか？

素材は、たとえば「繊維の宝石」と呼ばれるシーアイランドコットンを使用するなど、非常に厳選されている。加工もヨーロッパにある自社工場で、そこにいる熟練の職人に丁寧に作らせたりもする。ブランド品はことに見た目が大切であり、縫い目ひとつひとつがしっかりしていなければならない。

しかし、いくら高いといって原料原価はインナーTシャツの10倍以下。職人に対する人件費や印刷費を考えても、価格10万円のうち、せいぜい製造原価は10～20%。

結局、価格を決めるのはブランドイメージと生産ロットなのだ。

業界関係者によれば、着心地のよさだけでいえば、下着が専門のインナーメーカー製の方がいいくらいとか。でも、あくまでイメージは下着。値段が高かったら買わない。その点で、アウターのブランドTシャツは、見せるものなので高いから価値がある。特に高級ブランドの商品は、見せなくては意味がない。

なんだ、高級ブランドメーカーはボロ儲けじゃないか、と思われそうだが、いや、ちょっと待ってほしい

そもそも、高級ブランドには、そのステータスを維持し続けるための「ブランド維持費」がハンパ

なくかかる。

直営店の運営費用、広告宣伝費などの販売経費が、圧倒的にかかるし、ブランドイメージを守るための店舗スタッフ、能力の高いデザイナーやマーケッティング担当者も必要になる。また彼らが誇りを持てるだけの報酬も欠かせない。

タグの数もあらかじめ決めて、希少価値を維持しつつ市場に流す高級品の場合、バーゲンで90％オフ、といったような値崩れを起こすことは決して許されない。何より大切なブランドイメージが瓦解するからだ。

それらをすべて含めれば、一説には、必要経費が小売価格の半分を超えることもあるとか。その場合、利益もほとんどない。

だからこそ高級ブランドメーカーは、基本的に、より大衆的で安価なブランドもグループ内に入れ、そちらでも利益を確保できる仕組みを作っているのだ。

コロナ禍で深刻な影響を受けたのも高級ブランドをはじめとしたアウター側で、Tシャツにしても、「巣ごもり需要」で実用的なインナーのものはそこそこ売れているのに、アウターは苦戦が続いたとか。

リモートワークの巣ごもり生活が続き、オシャレをする場が減っていったのだから、オシャレ業界は大変だ。

女性和服

「素材」「染め」「仕立て」、どれもモノによって費用の高低差は激しい！

女性用の和服といえば、近年ではすっかりレンタルでの使用が定着しているものの、まだ購入して、娘や孫の代まで伝えようという向きも少なくない。

その和服には、まず、大島紬や結城紬のように、糸を織る前の段階ですでに色を染める「先染め」と、布地を織ってから色を染める「後染め」があるが、一般に「和服」としてイメージされやすい振袖や留袖は、だいたい「後染め」だ。

先染めは、もともと糸を織り合わせて模様を作っていくのだから、手作りな上に高い技術も必要になる。そのため人間国宝クラスのものなら1着1000万円以上したりする。つまり、多くを占めるのは職人の人件費だ。

高額なものからリーズナブルなものまで、価格の幅がわかりづらいのは「後染め」だ。高ければやはり１０００万円超えもあるものの、安いものは10万円以下も出回っている。一番メインの価格帯は30〜50万円くらいか。

では、いったいなぜそれだけの価格差が出るのか？

まず素材となるのは白生地。当然、絹だが、着物1着分にあたる1反（約12メートル×約37センチ）の価格は、安い中国産などになれば1万円以下でも楽に入手できるが、皇室も育てている蚕「小石丸」で作られるような最高級の絹なら、50万円以上もあり得る。

裏地も、安ければ数千円もあるが、高ければ５〜10万円はする。さらに、何より差が付くのが「染め」だ。

技術の発達もあって、レーザープリントを使えば、１〜３万円もあれば、そこそこキレイに見える染めができてしまう。プリントなので、ある結婚式に行ったら、まったく同じ柄の着物を着た人がいて、ちょっとバツが悪かった、なんてこともありうるが。まあ、そこまで行かなくても、まだ駆け出しの職人なら５〜10万円で染めてもらえたりもする。だが、これがまた人間国宝クラスの手描き友禅職人にお願いしたら１００万円以上は軽くかかる。

最後が、着物の形にする「仕立て」だが、これも東南アジアなど、海外に発注すれば1万円以下になるものが、日本国内なら高いものは10万円以上かかったりする。

しかし、東南アジアなどの技術は相当発達していて、ほぼ日本国内とそん色ないくらいの製品は作るらしい。しかも職人が高齢化している日本に比べて、とにかくみんな若い。

1度は日本に来て働いて技術を習得し、地元に戻って職人をやっている人も以前と比べて、増えている。

生地を1万円以内で抑え、染めはプリント、仕立ても東南アジアとすれば、小売価格10万円でも利益は出せるとか。

流通面からみると、だいたい小売価格100万円の和服とすると、メーカーは素材原価と人件費を合わせて15~20万円くらいで作り、問屋に20~25万円くらいで卸す。それを小売は問屋から35~40万円くらいで仕入れる。

利益率60~70%は高すぎる、と思われるかもしれないが、そもそも回転率も低く、一定期間を過ぎれば値引き販売をしてでも在庫を整理しないといけない。和服業界としては、このくらい利益率を確保しておかなくては、宣伝費や社員の人件費などの諸経費を考えても、到底、採算は取れないのだ。

100万の商品を50%オフにしてもまだ利益が残るくらいにしないと、やっていけないわけだ。

昔は、メーカーと小売の間に産地問屋と2次問屋と2つ入っていたケースが多かったそうだが、さすがに今は難しい。そもそも日本人の生活様式の変化によって、振袖をはじめとしたフォーマル用の訪問着以上に、いわゆる小紋など、カジュアルな普段着タイプの和服需要が減ってしまったのだ。その回復を願って、歌舞伎観劇や大相撲観戦に「和装デー」を設けて、和服で来場した人に特別サービスをつけるなど、業界も様々なイベントを仕掛けたりして、それなりの成果も上がっていた。

だが、そんな中で深刻な影響をもたらしているのが、やはりコロナ。

昨今、結婚式をはじめとした冠婚葬祭が減ってしまった。せっかく和服を買っても、そもそも着ていく先がない。さらにまずいのは、和服業界にとっては営業的には最も重要な展示販売会の開催がなかなか出来なくなってしまったことだ。女優などの有名人を呼んで、豪華なパーティーを開いておカネのある顧客を集めるのは、特に高額商品を売る際にはとても効率の良い販売方法なのだ。その上、やはり効果的な販売方法である顧客への訪問販売も、ソーシャルディスタンスの問題もあって、いやがられる。

安い商品ならともかく、ある程度値が張る和服となると、さすがにネット通販などでなく、直接、商品に触れ、試着もした上で買う人が大半。だいたい、着物は服だけで成立するものではなく、帯や長じゅばん、足袋に草履やバッグまで付属品を加えて一揃い。それらも直接触れて決めたいのは当然だ。

その、触れてもらう機会が少なくなってしまったのは、非常に痛い。

有名デザイナーとのコラボで和と洋の要素をミックスさせた「着物のデザイナーズブランド」を生んだり、外国人にアピールするために「ＫＩＭＯＮＯ」として大々的にキャンペーンをしてみたり、業界も、ずっと努力を積み重ねてきた。が、さすがに今度の「コロナ不況」克服は楽ではない。

女性化粧品

ほぼ同じ品物が販売方法によって値段が変わる不思議な世界!?

一般的に、化粧品は安い原価で作って高く売っている、というイメージがある。

実際に、たとえば１本６０００円で売られている化粧水でも、材料原価はせいぜい１００～３００円、それに容器代に１００～２００円かけたとしても５００円以下。大量生産によって、もっと原価率を抑えている商品もある。

一応、大手メーカーともなれば、ガラスにどんな素材を使うのか、色はどうするか、光をどう取り入れるかなどを吟味するし、デザインは有名デザイナーに依頼したりもするので、容器代だけで５００円以上になったりするケースもある。とはいっても原価率は10%前後。

だが、そこに開発費まで含めると、原価率は途端にアップしてしまう。資金力のある大手企業は、たっぷりおカネをかけてたくさんの「特許」を持ち、その社がほぼ独占的に使える成分をもとにした商品を売っている。その代わりに、時には成分1つを作り出すのに億単位、トータルでは年に百億単位の開発費をかける。

だが、これは、あくまで「制度品」と呼ばれる、デパートや専門店で売られる有名メーカーの商品についての話。

化粧品の場合、販売方法がたくさんあって、たとえ品質がほぼ同じくらいのレベルでも、その方法によって価格まで変わってしまうところが、なんとも特殊な世界なのだ。

まず「制度品」の中の化粧水に限ってみても６０００円どころか、小売価格３～５万といったものもある。

新成分を作り出すためには、単に大きな研究所を作るだけでなく、臨床試験をしてくれる病院や認可を与える役所とのパイプも欠かせない。いわゆる年度ごとの流行を作るのも大手メーカーの「制度品」なので、ＴＶ、雑誌、ネットなどへの宣伝費も膨大にかかる。社のイメージ、プライドを維持するためもあって、決して他社が作った製品のマネはできないのだ。自社の新製品のＴＶＣＭをバンバン流し、トータル売り上げ高の約1割は広告宣伝費、という時代は、かつて長く続いた。

買う側にとっても、一流メーカーの「高い」商品だからこそ安心しておカネを出す、という構造がある。あくまで、消費者は商品というだけでなく、これを使えばキレイになれる、という「夢」も買っているのだから。

これが、販売員が直接、家を訪ねる訪問販売でも、化粧水1本1～3万円以上も珍しくない。当然、販売員の人件費がかかるのもあり、また、制度品のような大量生産をなかなかできないのもある。もっとも訪問販売商品は、別にさほど「流行」を追わなくてもいいし、新たな成分を生み出すための開発費などはほぼかからない。

ネットワークビジネスの商材として化粧品が使われるケースも少なくない。この場合も、会員への利益還元もあって、化粧水1本1万円以上など、高めの価格設定がされることが多い。原材料費は、あえて特許期間が終わった成分を使ったりして安く抑え、もちろん開発費などはほとんどかけないため、材料原価も売値の5％程度に。それでも品質的には制度品とそう大きな差はない。

同様に、エステサロンなどで売られるサロン販売も、価格設定は高め。化粧水1本が1万円以上だったりもする。店がプロデュースしているという高級イメージを売り物にしているために、あえて安くできない面もある。当然こちらも、開発費などは、ほぼかけていない。

販売先はサロンの顧客が主なので宣伝費もいらない。

一方で、通販では、化粧水の価格帯は、だいたい1本3000円くらいが中心。また、格安化粧品メーカーでは1本1000円以下も。こんなに値段に違いがあっても成立してしまうのが、化粧品業界の面白いところなのだ。

図式的にみると、まず大手メーカーが自社の研究所などで新成分を開発して特許や医薬部外品としての認可をとる。臨床試験だけでも最低でも1、2年はかかるとか。そして、その成分を使った新製品の「制度品」を作り、マスコミに流して「流行」にしていく。

それがいわば業界ピラミッドの頂点。海外の有名ブランドも、このポジションだ。

その特許を買うか、あるいは切れた時期を見計らって、訪問販売の業者やサロン販売の業者などが、ほぼ「制度品」のマネをした商品を作る。顧客も、そんなに新しさを求めているわけではないので、ひとつひとつの商品のサイクルは長い。

さらにその下に、化粧品に「安さ」を求める顧客層がある。もちろん特許が切れた成分を使い、宣伝費もさほどかけないため、商品の品質はさほど落とさなくても、低価格で十分に利益は出る。格安化粧品会社も、十分に成立するわけだ。

どうも、顧客も制度品を買う人はほとんど通販や訪問販売では買わず、サロンで買う人は他では買わず、と、明確な「すみ分け」ができている。しかも、不思議なもので、女性化粧品の場合、カネを持ってるから制度品を買い、持っていないから格安品、とは限らないらしい。たとえ月収20万円でも、月に10万円は化粧品にかける、という女性も少なくないとか。「美しくなりたい」欲求は、収入のバリアを超えるのだ。

また、同じ「化粧品業界」でありながら、制度品メーカーと訪問販売品メーカー、それに格安化粧品メーカーなどは、それぞれ同業者意識も希薄で、ほぼ没交渉に近いとか。販売形態も価格設定も、ターゲットとなる顧客も全く違う相手を、とても同じ職種の人間とは思えないのだろうか。

ダイヤモンド

新興のロシア・ダイヤ参入も、必死で価格をコントロールする巨大企業が阻止!?

宝石の代表であり、かつ、世界で最も硬い物質としても知られるダイヤモンド。その中で、工場で作られる人工ダイヤではなく、ダイヤ鉱山でとれる天然ダイヤの価格は、ある巨大企業が長くコントロールしてきた。現在は少し緩くなってはきたものの、まだまだその支配力に衰えはないとか。

たとえば、実はロシアは世界有数のダイヤ産出国なのだが、ほぼその巨大企業の管理外なのもあって、日本の宝石業者でもなかなか直の取引が出来ないらしい。

ダイヤ鉱山では、まずらせん状に巨大な穴を掘っていき、時に深さ50キロに及ぶほどの地中をトラックなどを使って入っていく。ルビー、エメラルドなどと比べても、より深い地層でないとダイヤ原石は出て来ないため、この採掘工事自体に莫大な資金がかかる。

そもそもダイヤは、深い地中で、高温と高圧によって炭素原子が強く結びついて出来上がり、それが激しい火山活動のために、マグマによって押し上げられたもの。そうした条件を備えている場所は世界でもそう多くはないのだ。特に有名な産地としては、ボツアナや南アフリカなどがある。

鉱山でとられた大量の鉱石を粉砕してダイヤの原石を取り出す。採れた原石はベルギーなどに送られてカットされて、磨かれ、商社に卸されたり、直接、小売に渡ったりして流通していく。

カットされたダイヤが「4C」、つまり「カラット（重量）」「クラリティー（透明度）」「カラー（色）」「カット」の四項目でチェックされ、値段が決まるのもよく知られる。

かつては、より無色で透明度の高いものが高価格で取引されていたが、最近は黄色味がかったイエローダイヤやブルーダイヤが喜ばれたり、嗜好性は広がっている。

さて、1カラット（＝0．2グラム）のダイヤで、小売値10万円程度もあれば100万円を超えるものもあるといわれるが、仮に100万円として、原価はどれくらいか？

原石の時点では、恐らく5％以下、へたをすれば1％程度かも知れない。ただ、それをカットし、磨いていく過程で最低でも10～20万円程度の工賃はかかる。商社は小売値の5％前後の手数料を取って、小売業者の仕入れ値はだいたい小売値の半分、50万円前後ともいわれる。

となると、「元締め」にあたる巨大企業は取引ごとに20～30％の利益を得てボロ儲け、にも見えるが、「ダイヤ」のブランド価値を維持するために宣伝広告などに大量に資金を投じているともいわれ、本当の利益率はまったくわからない。

作業服

作業でアツくなった体を冷やしてくれる空調服は、今や、夏の風物詩だ！

工事現場、建設現場などには欠かせないのが作業服。

だいたい、平均的な価格帯は1着７０００～８０００円といったところながら、これはあくまでメーカー小売希望価格。通常だと、小売では、それを50％オフとして４０００円前後で売っている。

もちろん、まとめて大量に買えば、卸値も３～５％くらい下げてもらえる。

小売といっても、実際に消費者に売る小売店と、建設会社のような企業に売る代理店とあって、小売店はいろいろなメーカーの商品を揃えるのに対して、代理店はメーカーを絞り込んでいくのが特徴だ。

どちらも、メーカーからの卸値は1着２５００～３０００円くらい。つまり１０００円くらいの利益を乗せて売っている。以前はもっと利幅があったのに、なぜ50％オフになったかといえば、原因はネットショップだ。そこで「半値売り」が当たり前になったために、店側も値段を揃えなくてはならなくなったのだ。

だが、作業服の業界に後発で参入してきたスポーツメーカーなどの中には、定価販売を求めて、定価8000円前後で、卸値も5000〜6000円以下には下げないところもある。

で、夏ともなれば、話題なのがファン付の「空調服」。最初は、「奇妙なものが出て来た」とあまり評判はよくなかったものの、例年の酷暑もあって、年々、需要は増加中。当初はあるメーカーが独占的に作っていたが、今では、様々なメーカーが参入しており、最近は、作業服としては画期的といってもいいくらいファッショナブルなものも登場している。もっともあくまでも、今、需要が広がっているのが、外で働くことの多い建設業界など。空調が効いてる中で働く倉庫関係とかは使わないし、港湾関係などには、まだまだ十分に広がっているとはいえない。

販売価格が2万円とすれば、一応、内訳はファンが4000円、バッテリーが1万円、作業着本体が6000円くらいの計算か。

これを小売店は1万6000〜1万7000円くらいで仕入れる。今のところは空調服に関しては、ほぼ定価売りに近い状態だという。

それでも、普通の作業服よりもずっと利幅は大きい。普通の作業服なら1着1000円前後が、空調服なら3000〜4000円になるのだから。おそらく作業服を売る小売店や代理店は、毎年、夏は暑くなってほしいと願っていることだろう。

地下足袋

足袋スニーカーなどの登場で、どんどんファッショナブルな方向に進む!?

いわゆる「足袋」と呼ばれるものでも、主なものは大きく２つに分かれている。１つが室内で靴下のように履く足袋で、もう１つが、足裏にゴム底がつき、外でも靴の代わりに履いて歩ける地下足袋だ。和装で日舞などを踊ったりする時に使うのは足袋で、建設現場で大工、左官などの職人などが履くのが地下足袋、とイメージすればわかりやすい。

どちらにせよ、素材となると綿が多く、生地代だけなら高級なものでも１足３００～４００円以内が普通だが、オーダーメイドの比率が高い足袋の場合、専門の足袋職人がしっかり採寸もして作ったりすれば価格は１万円を超えるケースも珍しくない。

一方の地下足袋となれば、こちらは大量生産が普通。多くは中国を始め、海外の工場に発注して作らせている。ものによっては、人件費も圧縮できるため、公的作業施設で作っていたりもする。

材料費としてはゴム代で100円以下、綿の生地代も100円以下、「コハゼ」と呼ばれる、履き口につく真鍮の金具部分でも10円以下、合わせても200円以下で揃えられる。足袋専門の「八方ミシン」というミシンも必要だが、せいぜい1台50～60万円で、何十年も使い続けられる。

小売価格2000円前後の商品として、メーカーは600～800円前後で問屋に卸し、それを1000～1200円前後で小売店が仕入れたり。だいたい小売店の仕入れ値が小売価格の半分くらいになる。もっとも大型チェーン店などはメーカーとの直接取引なため、同じ商品を1500円程度で販売できたりはする。

しかし、元来、作業用のイメージが強く、せいぜいお祭り用に履かれるくらいだった地下足袋が、近年、凄い進化を見せているのだ。

登山用のものなどはそのひとつで、丈が長くブーツタイプになっているのが一般的で、底面にスパイクがついていたりもする。地下足袋とスニーカーとを合体させた足袋スニーカーもファッショナブルだとして若者や女性に人気を得ていて、ほぼ靴の一種として利用されているとか。さらに今、広がっているのがエアークッション入りのタイプだ。かかとにエアークッションが内蔵されているもの、中敷き部分がエアーになっているものなど、いろいろあるが、履き心地はいいし、疲れないととても評判はいいとか。

価格帯としては、材料代にデザイン代なども加味されて、作業用の2倍くらい、だいたい4000～5000円くらいが中心になる。いわば「地下足袋の日常化」が着々と進んでいるのだ。

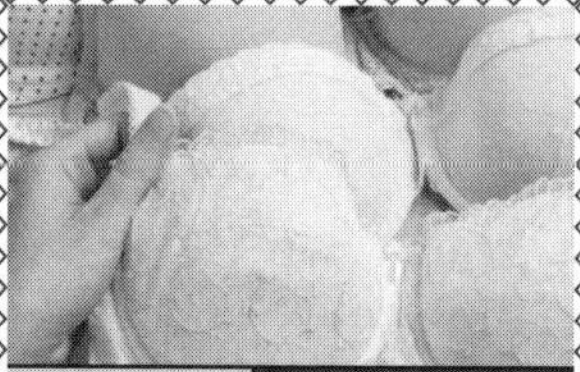

補正下着

普通の下着とはまったく異なる価格帯！「美」を求める女性だからこそ買い求める！

男性になかなか理解できないのが、体のラインをより美しく見せるために使う、女性の高級補正下着の世界。何しろ、ブラジャーからガードル、キャミソール、ショーツといった一式を揃えるだけで20〜30万円するのは、そう珍しいことではないのだから。たとえば、普通に「寄せて上げる」だけのブラジャーだと、せいぜい一流メーカーでも5000〜1万円。それが3〜5万円はするとしたら、いったいどこにおカネがかかるのか？

業界関係者に聞くと、一番高いのは繊維の部分だとのこと。よく使われているのが、光電子繊維。遠赤外線効果によって皮膚の冷えを防いでくれる。皮膚の冷えが体型の崩れを生む、とも言われているので、素材自体がいい胸を作ってくれるとか。

とはいっても、たとえば5万円のブラジャーとして、たとえ特殊な繊維を使って特許料もあるとしても、なかなか素材だけで小売価格の10%もかかるのはあり得ない。製造原価が小売価格の15〜20%程度としても、やはりかかるのが人件費なのだ。高級品はまず「手縫い」で丁寧に作るのが基本。これに残りはデザイン料やレースやラメ系といった、装飾にかかる費用などが加わる。

補正下着は、とにかくデリケートなのだ。ギリギリのところでフィットさせるだけに、たった1ミリ寸法がズレただけで、ユーザーはすぐに「キツい」「ユルい」と体感でわかってしまう。そこが、デザイン中心で、多少、寸法がアバウトでも許容範囲の普通の下着とは違うのだ。

ロットも少ない。もしワンセット20万円としても、洗い替えが必要なため、通常は、最低でも2セット、つまり40万円分は購入する。そんな、下着に多額のおカネを出すユーザー層は限られている上に、ブラジャーひとつとっても、補正下着だと1種類のデザインでAカップからH、Iなどに至るまでにサイズが30種類以上あったりする。でありながら、ユーザー1人1人が買うのは、そのうちのたった1種類。

作るのに高度な技術が必要な上に大量生産が出来ない。そのために、今、アパレル業界では当たり前になっている、中国、ベトナムなどの外国の工場での生産が難しく、国産の比率が比較的高い。製造原価を下げにくいのだ。

販売システムも、やや特殊といえる。メーカーといっても、実質は問屋的な機能をもち、その多くは、特別な技術を持った職人がいる会社に発注して、製品そのものを作ってもらう。出来上がった製品は、契約代理店など、独自のルートで流していく。

通常、メーカーは商品を小売価格の40～50％前後でエステサロンやデパート、専門店などに卸す。エステなどは、どちらかといえば代理店経由ではなく、ほぼ直接仕入れて顧客に売るのが普通。

なぜか補正下着の業界は、通販は他のアパレルほど盛んではない。理由としては、直接の「試着」の大切さがある。高級店ならば専門のフィッターがいて、どうすればキレイなボディラインを作れるか考えつつ、着付けも手伝ってくれるのだ。いわば美容院と同じで、専属の担当者がいたりもする。

一応、下着それぞれの価格でいえば、お腹を引っ込め、ヒップを引き上げるガードルはブラと同じくらい。ウエストを引っ込め、背中の肉をキレイに見せて、ブラの補正効果も高めてくれるキャミソールも、同じ程度の値段。それに比べると、あまり「補正」の役に立たないショーツは安い。トータル20万としたら、ブラ、ガードル、キャミが6～7万円はして、ショーツが1～2万くらいの比率か。

ブラのデザイン変更の時など、前に売れなかった商品のバーゲンもある。だが、特に補正下着の場合、小売店側はあまり在庫を抱えないようにしているため、せいぜい30％オフくらいにしか下げない。とにかくメインユーザーは裕福な女性層。顧客の多くは少なくても半年に1回は新品を購入するという。年齢的には30代後半から40代あたりが多いが、70代くらいもいるとか。女性は「美しくなる」ことには何歳になってもカネに糸目をつけないのだ。

第三章

建てる、住む『原価』

タワーマンション

生命線はグレードを落とさずにどれだけ部屋数を増やせるか!?

人手不足による人件費の上昇など、建築コストが高くなった上に、コロナショックもあって、先行きが不安視されていたマンション業界。

一時期、華々しくもてはやされたタワーマンションにしても、朝夕の混雑時にエレベーターがなかなか来なかったり、などのデメリットが囁かれてもいた。

そのマンションの建設費用だが、東京郊外で坪１００万円くらいの土地に、仮に7～8階程度のマンションを建てると、登記費用など一切を含めた土地代が3割前後、下水道工事や近隣対策なども含めた建築費が5割前後、販売経費と営業利益がそれぞれ1割くらいが目安だ。

仮に土地が３００坪だとすれば土地代3億。ならばトータル20戸で1戸５０００万円に設定するとほぼ計算通りになる。しかし、業界関係者によるとタワーマンションは、その比率にはまったくあてはまらないとか。より高層になるために危険度も高いし、工事の足場を組むだけでも高度なノーハウが必要。建築コストが上がる分、出来るだけ土地代の比率は抑えなくてはならない。

とはいえ、タワマン建設用地は、最低でも1000坪はないとまずい。周囲との間隔をあけるため700坪は「空地（くうち）」にするとして、建てるのは残り300坪。

東京の中心地ならば、坪400～500万円はするので、1000坪なら40～50億円。建築費にその3倍以上はかけるとしたら合わせて150～200億円。

ワンフロアー10戸。30階建てとすれば約300戸。で、たとえ売れ残りがあっても利益が出るように計算して、10階ならば8000万、40階なら1億5000万といったように、需要に合わせて決めていくのだ。タワマン業者にとっては、グレードを落とさずに戸数をどれだけ増やせるかがまさに生命線で、そのために最大限部屋数がとれる設計図の作成が大事。

コロナ禍が長引いたにもかかわらず、特にタワーマンションの売れ行きはほぼ順調だという。ことに好調なのが地方都市だとか。

理由としては、コロナの影響でリモートワークが浸透し、無理して大都会に住むなら、地方でももっとゴージャスな部屋に住みたいという欲求が高まったこと、また地方でもその県でトップくらいの都市なら利便性も良く、リセールバリューがよい、つまり売るとなってもスムーズに売りやすいことなどがあげられる。まだまだタワマン市場は健在なようだ。

建売住宅

業者の旨みは減り、マイホームは、より「夢」から現実の「買い物」になっていく!?

暗い話から始まって申し訳ないが、最近、住宅ローン破綻が急増しているとか。そもそも住宅ローン自体が終身雇用で毎年給料が上がる成長期モデルを前提としていただけに、行き詰まるのは仕方ない。

そこで首都圏でも、一戸建て新築住宅を購入する場合、無理なくローンを払えるギリギリの価格帯として3000~4000万円程度の建売住宅が人気となっている。業界関係者によると、まず、東京23区内は難しいが、埼玉や千葉など近郊ならば坪60万円前後の土地で30~40坪2000万円くらいのところは多いので、狙い目らしい。

仮に30坪で、土地代1800万円とすれば、建売業者はまず土地を仕入れ、それに1000万から

1500万円くらいの工事費で家を建て、数百万円の利益を乗せて3500〜4000万円くらいで売る。これがだいたいの標準パターンだ。

では、工事費の具体的内訳はといえば、まず工期3〜4カ月として、担当する大工に200〜300万円。材料の木材に200万円、サッシ、内装の床壁、屋根、外壁などに、工事費を含めて少なくとも300〜400万円はかかる。ことに近年は、耐震強度が重視されるため、材料代や工事費も値上げ傾向にある。東京オリンピックの開催も、建材費の上昇につながっていた。職人の人手不足もあり、工事費はここ2、3年で2割以上アップした、とも。

照明や電気設備、配線にも100万円、水道などの水回りにも100万円、ガスに20万円、キッチンとユニットバスに50万円ずつ、と計算すると、たちまち1000万円は超えてしまう。さらに役所に提出する書類作りや材料の運搬費用などもかかり、建売業者は常にどこを圧縮して経費を安く済ませるかに知恵を絞っている。しかも、以前は、家具や家電製品、キッチンなどは、建売業者にお任せの買い手が多かったので、それで業者は仕入れ値段に自分の利益を乗せて買い手に請求できた。が、今は難しい。ネットをみれば備品の値段は一目でわかるし、半値で買えたりする。細かい部分はセルフサービス化して、自分たちの好みに合わせつつ、極力、経費を抑えるわけ。つまりそれだけ業者の旨みが減ってきているのだ。

かつて、ファミリーにとっての「夢」だったマイホームも、より現実的な「買い物」になっているのが如実に見えてくる。当然だろう、ローン破綻は避けたいし。

壁紙と床シート

深刻な原材料価格の高騰。しかし一番深刻な問題は、職人の人手不足。

部屋の内装に欠かせないものといえば、やはりまず浮かぶのが壁紙と床シート。この2つが部屋の雰囲気を決める。

しかし、いったいそれぞれ、内装の際、いくらぐらいの材料費で仕入れて、仕上げにどれだけの料金をとっているのか？

まず壁紙だが、飲食店や商店などではいろいろな色を使うことが多く、マンションの部屋は1色で統一することが多いが、原材料の値段そのものは、あまり変わらない。

壁紙、といっても、一番使われている素材は紙よりもビニール。内装店がメーカーから仕入れる価格は1平方メートルで350～450円程度。ここ1、2年はコロナの影響もあって資材全体が中国などから入りにくくなったのもあり、仕入れ値も2～3割上がってきているとか。これで、仮に床面積60平方メートルくらいの店や部屋だと、壁紙はその3倍強くらい使うのが普通で、約200平方メートル分としたら8万円～10万円くらい。

あとは糊や、すき間を埋めていくパテに1万円前後、また周囲を汚さないようにシートを貼ったりする「養生費」にも1万円前後。だが、やはり大きいのが人件費だ。

問題なのは、とにかく深刻な人手不足。壁紙を貼る職人に支払う日給が以前は2万円くらいだったのが、今は2万5000円くらい出さないとなかなか来てくれない。

7～8年前はまだ、職人志望の若者もそこそこはいた。なかなかやりたいことが見つからずにフラフラしているけど、現場で仕事をさせたら、それなりに頑張ってくれるような人間が。ところが今はまるでいないらしい。そのために、内装店によっては、仕事があっても対応できずに断ってしまう案件が後を絶たないとか。

床面積60平方メートルくらいなら、だいたい1人が5日間くらいで仕上げる。となると人件費は10～13万円くらいか。内装店が依頼先から受け取る料金を30万円前後とすると、現場へ行く車のガソリン代などを考えると、そう利益率は高くはない。

やはりコロナで自宅でのリモートワークなどが増えた影響もあって、マンションの壁紙をマグネット式にして、予定表など様々なものを貼り付ける需要も目立って増えている。

また、高級感を出すために、シルクや綿などを素材にした布クロスを使う例も多い。もっとも

100％シルクならば、仕入れの段階でも1平方メートル5000～6000円以上。頑丈で通気性も良く、重厚感もたっぷりながら、正直、おカネがかかる。

床シートの場合、使い勝手がいいのが塩化ビニール素材のクッションフロアだ。防水性もあり、水をはじくために台所や洗面所などの水回りにもよく使われる。しかも施工にもあまり手間がかからない。

クッションフロアと同じ塩化ビニール素材ながら、もうちょっとランクが高いのがフロアタイル。前者を「シート」とすれば、こちらは「タイル」で、木目調のデザインなども再現されて、見た目も塩ビというより木に間違うくらい。しかも、キズがつきにくく、洋式に土足で歩き回っても大丈夫。従って家ではクッションフロアが多いとしても、病院などでは、フロアタイルの需要の方が多い。内装店の仕入れ価格は、前者が1平方メートル1500～1800円くらいとしたら、後者は2000～3000円以上。60平方メートルなら15～20万円近くなる。職人にも少なくとも1日3万円はかかる。

病院などだと、床のつなぎ目の溶接など、手間と高い技術が必要なため、さらに割高になる。ただし60平方メートルくらいなら2日くらいで貼れるため、人件費は6～8万円程度か。こちらも、パテ代や養生費などもかかった上で、やはり内装店は料金として40～45万円くらいは請求を出すことになる。

これよりもさらに料金が高いのがフローリングだ。いわゆる、木を使った床板で、そこに表面加工などを施したもの。素材に人件費をプラスして、内装店の請求料金は少なくとも60平方メートルで60

〜70万円にはなる。

しかし、高価でありながら、キズの付きやすいフローリングよりも、安くて丈夫なフロアタイルの方がハヤっていて、不動産屋や工務店でも、どちらかといえばフロアタイルの方を勧めていたりもするとか。

床の上に敷くのがカーペット。部屋全体に敷きつめれば断熱効果も期待できるし、フローリングに敷けば、ホコリが飛ぶのも防げる。より高級感のあるものとして「絨毯」もあるが、基本的にどちらも「敷きもの」という意味では変わらない。ただ、カーペットといえば、ナイロンやポリエステル、アクリルといった様々な素材を思い浮かべるのに対して、絨毯となると、やはりシルクやウールだ。

これはもう、ピンからキリまであって、1平方メートルあたり2000円以下もあれば、2万円以上のものも普通に売っている。最高級ペルシャ絨毯ともなれば、1平方メートル前後のもの1枚だけでも数百万の値がつくくらいだ。さすがにそこまでいくと、あくまで観賞用で、あまり部屋の敷きものにしたりはしないかもしれないが。

床は時代ごとに流行の色も変わっていくが、不思議なもので、かつてのバブルのころは、暗い、シックな色調が好まれたのに、かえって不景気になってから、明るい色が好まれるようになっていったらしい。あまり明るいとは言えない時代こそ、床くらいは明るい色にしたい、ということなのだろうか。

それがまたここ1、2年、シックな色調が復活傾向にあるとか。あるいはコロナ禍を抜けた先に、またバブルがやってくる前兆なのか？

造園

個人の注文はクレームが多く、楽なのはクレームなしの公共事業！

造園といえば、個人宅の庭づくりから、街路樹整備、ビルや公園のガーデニングなども手掛ける幅広い仕事だが、たとえば1つの庭を作るのに、どれだけの経費をかけているのだろう？　ある業界関係者によれば、平均的にみて、使用する植木や石などの材料費は料金の3割前後とか。

つまり、仮に10坪で料金100万円の庭としたら、材料にかかるのが30万円くらい、1週間で2人の職人が働くとして人件費に20～25万円くらい。輸送用のガソリン代や職人のお茶菓子代などの諸経費に3～5万円くらいとして、業者の粗利は40万円程度となる。

だが、ことはそう単純に運ばないのが、この業界。最終決定権は注文する「施主」にあるわけで、たとえあらかじめ「イメージスケッチ」を出して施主のOKをとっても、いざ作ってみたら、「この木は気に入らないから、別のに植えかえて」などとクレームが来るのも珍しくはない。

施主の好みも様々で、通常は植木を中心にして、庭石を補助的に配置するケースが多いが、中には石好きな人もいて、枯山水のように、ほぼ石と砂利だけでまとめてくれ、との注文も入る。

庭の傾向として、昔は多かった松やツゲなどがメインになる日本庭園風の需要は減っていて、シマトネリコ、ソヨゴ、コニファーなどを使った「ガーデニング」風に人気が集まっているが、造園業者が仕入れる場合、木1本は1～2万円くらいが多い。ただ、前もって多めにストックして単価を下げたり、プロならではの経費節減テクニックは豊富にあるらしい。

まずは見栄えなのだ。たとえ1万円で仕入れた木でも、配置やバランスによって10万円、20万円の木にも見えたりする。

ただ、どれだけ知恵を絞って庭を作っても、クレームを出す施主は必ず一定数はいる。その点で公共事業はそれがほとんどない。

道の左右に100本の街路樹を植える、といった発注を1000万円で受けた場合、木の仕入れや人件費、それに植えるために使うクレーンの手配なども含めて600万円以内に納めれば、粗利は約400万円。植えるのも、一定の間隔をあけるだけの単純作業だ。道路の交通量の多い時間や土日は造園工事はできない、といった制約はあるものの、利益は大きい。もちろん、入札によって仕事を勝ち取らなくてはいけないので、そこが大変なのだが。

測量

測量事務所の仕事は、単に「測量」だけではなく、その後の「交渉」も!

たとえば土地を買って家を建てたり土地の相続をする場合など、いったいどこからどこまでが所有者の土地なのかを確定させるために、測量は欠かせない。

通常、30坪程度の土地を、ただ測量するだけなら測量事務所に払う測量代金は20〜30万円。作業そのものは半日もあれば終わる。トータルステーションと呼ばれる測量機器を使い、２人１組で土地の広さや形を作図し、確定させていくのだ。一応、２人の最低片方は測量士の資格が必要とされている。

かかる費用は、土地の境界線に埋めこむ杭や、それを固めるための砂やセメントでせいぜい数千円。あとは設備費として測量機器が１台１００〜２００万円。機器からデータを飛ばして作図するためのコンピュータソフトが１００万円前後で、もちろん繰り返し使える。とすれば、一見、資格さえあれば楽にカネを稼げるオイシい仕事のようにも見える。

しかし、土地の測量だけして終わり、なんて単純な仕事はほとんどない。

どんな土地にも、境界線を隔てた隣りに、別の所有者がいる。その合意を得て、「境界はここで間違いない」という書類に判を押してもらわなくてはいけない。4カ所の境界があれば、そのすべての所有者の判が必要。そこまでやるのが測量の仕事であり、土地家屋調査士ならば、土地の登記まで行う。

隣人といっても、素直に判を押してくれる人ばかりではない。気難しい人、少しでも広い土地を確保したくてやたら難癖をつけてくる人などいろいろだし、誰が所有者なのかわからないケースもある。国有や市町村の所有、あるいは団体や会社が所有している土地と隣接していたら、そこの担当者と土地の境界の位置について協議を行う。たとえば国相手なら財務局に、市町村や大企業が相手なら総務管財課などに出向いたりもする。で、実際に測量の際には立ち会ってもらうことにもなる。つまり、測量事務所は、土地所有者と周囲の土地所有者の仲立ち一切を請け負う、交渉人的な役割を果たす。

結局、どうトラブルなく話を進められるかは、その交渉人の調整能力にかかってくる。幅広い人脈を持ち、県や市に顔が効く、といった人物が求められる。

測量代金も、面倒な案件ほど高くなるのは当然で、30坪の土地で50万円以上、100万円くらいになることすらある。

だが、それでも土地の境界に関するいがみ合いの末、裁判で何年も争うよりはずっと安上がり。まさにそこに測量の仕事の意義もあるのだ。

家の解体

空き家の増加とともに、需要は増えてはいるけれど、致命的な人手不足が!?

現在、家の解体業の需要は多い。日本全国の空き家が1000万戸を超え、壊さなくてはならない家がどんどん増えているのもあるが、持ち家に住んでいた親が死んだ相続税対策として、更地にして土地を売るしかないケースが増えているらしい。現金にして平等に分けないと兄弟や親族の間でトラブルになるからだ。では、その解体費用、いくらぐらいかかるのだろうか?

解体業者は基本的には、ゼネコンの下請けが多く、依頼者はまずゼネコンに発注して、それを解体業者におろす。解体中のご近所騒音対策など、トラブルのタネになりそうなことは、ゼネコンが入っていた方がスムーズに行くのだ。それで、たとえば木造30坪くらいの家なら、ゼネコンが200万円程度で受けたとして、解体業者の取り分は150万円くらい。

必要経費でいけば、まずは出て来たゴミを運ぶ運搬代と処理代。トラック1台4～5万円で、ゴミ処理業者が直接、引き取りに来ることもあるが、これに20万円くらいはかかる。ゴミはトラックに載せる際、重さよりも嵩が問題。どれだけ大きさをコンパクトにおさめるかが経費節減のポイントだ。

人件費については、だいたい1日4人で1週間、1人日給2万円としたら50～60万円ちょっとくらいか。解体用ショベルは欠かせないが、1日10万円のリース代で前半3日くらい使えば30万円程度。だが、慢性的人手不足で日給は年々上昇中。若者で解体の現場で働く人は減るばかりで、その分の多くを日本在住の外国人が補っている状態。

解体業は仕入れがないためにこれで十分利益が出るが、かつて、バブル期は、もっとエグいやり方が一部で蔓延していた。ゴミの不法投棄だ。勝手に山に行って捨てたり、安い山の土地を買って、そこでゴミを捨て放題にしたり、経営破たんした工場跡をゴミ捨て場にしたり。ゴミ処理費用が減れば、その分、利益なのだからと、ムチャクチャやっていたのだ。これはまずいと、国が導入したのがマニフェスト制度だった。解体業者が合法的に処理場にゴミを運んでいる証明書（マニフェスト）を発行し、それがないと、土地売買や家の新築が出来ない決まりになったのだ。

需要はさらに伸びそうな解体業だが、気がかりなのが、働いてくれる若者だけでなく、「家を買ったり建てたりする」若い層が減っていること。空き家があっても、そこを更地にして新たに家を建てるのでなくては解体はあまり必要ない。解体すらされず、ただ朽ち果てていく空き家が、日本全国、さらに多くなる雲行きなのだ。

下水道工事

浅いところは地盤を直接掘る開削工法。深いところはロボットを使っての推進工法。さらにシールド工法も。

ライフラインというと、まず上水道、電気、ガスなどがイメージされるが、下水道も大事なもののひとつ。トイレから流される水などの生活汚水の処理が出来なくなったら日々の暮らしは立ちいかないし、コロナウイルスのような感染症の蔓延を防ぐためにも、下水道の整備は欠かせない。

通常、下水道工事には、地盤を直接掘って、下水道管を敷設していく開削工法と、まず縦穴を掘って、ある程度の深さまで達したところで、掘削用ロボットなどを使って穴を掘り進めて下水道管を埋設する推進工法がある。地下の浅いところに障害になるものがあったり、地上の交通量が多くて作業が難しいところなどは、どうしても、より深いところを掘り進める推進工法でいくしかない。地下2メートルくらいなら開削、5メートルまで掘るなら推進で行くのが普通。

従って、かかる費用もまったく違う。一応、発注元にあたるのは、だいたいは地方自治体だが、そこから元請けの会社に払う金額が、開削工法の場合、1メートルあたり5～6万円くらいが普通だ。浅いところなら流水管も塩化ビニール管を使うが、これが1メートル6000～1万円くらい。1日に、仮に15メートル作業を進めるとして、崩れる土を止める土止め用の板など様々な材料は数千円。あとは作業員、土砂を運ぶトラックの運転主、現場警備員などの人件費などになるのだが、これが3次下請け、4次下請けまであるのが普通で、元請け会社は、20～30％くらいのマージンを取って、下請けに流す。

一方、推進工法となると、ロボットなどの使用が前提になるため、一気に1メートルあたり20～30万円くらいになる。流水管も、頑丈なコンクリート製で、しかも直径が太い1メートル3～7万円くらいのものがよく使われる。

道でよく見かけるマンホールも、実はこの推進工法の縦穴であって、フタを開けて下におりていけば、下水道管にぶつかる。

ごく一部、シールド工法と呼ばれる、ちょうどトンネル工事、地下鉄工事などで行われる、推進工法をもっと大規模にしたようなやり方で作られる下水道もあるが、その場合、流水管も直径5メートルなどと桁違いで、巨大な機械も使うため、かかる費用も1メートル千万単位だったりする。もっとも、下水道工事でシールド工法を使うとしたら、東京が大雨で浸水しないように雨水用の下水道を作るとか特別なケースで、めったにはない。

生活汚水処理だけではない。台風や大雨などの時の水害阻止にも、下水道は活躍していたのだ。

電気通信工事

クレーン車に乗っての作業で、落下や感電の危険もあり、工事費の3分の2が人件費なのも当然！

「電気通信工事」といわれても、何をするのかちょっとピンと来ないかもしれないが、要するに、電話や電気のケーブルを引いたり、携帯電話の電波がスムーズにつながるように、無線ボックス型の機器を電柱などに取り付ける工事のこと。

工事の規模は様々だが、たとえばある小さな商店街のリニューアルのために、商店全体の電線を張りなおすため、5000〜6000万円程度の予算で工事をするとしたら、まず商店街は、自治体の補助も受けつつ、電力会社に工事代金を支払う。電力会社はそこから工事管理費として1000万円前後を受け取り、4000〜5000万円程度で工事会社に発注する。で、またさらに工事会社が現場の作業員や警備員などを「協力会社」に発注する。かつては「下請け」と呼んでいたのだが、それではイメージが悪いというので、今は「協力会社」と呼ぶ慣例になっているらしい。

作業期間は3～4カ月、毎日少なくとも作業員や警備員含めて4～5人の人員はいるため、工事費の3分の2以上は人件費が占める。電線などの材料費は数百万円ですむが、使用する高所作業車や電線を補強する機材代などもあって、工事会社の粗利は、ほぼ1割くらいになる。一方、無線ボックスの方については、あるキャリアから、「この一帯のユーザーから電波が弱いとクレームが来ているので、取り付けてほしい」などと発注が来て、取り付け工事に向かったりすることが多い。電柱と電柱の間を業界では間本(まほん)というのだが、だいたい3間本に1個くらいの割合いで取り付けるのが普通だ。

10個程度取り付けるとして、工期は5日くらい、1個につき10万～15万円の工事代で、こちらも人件費が3分の2はかかる。携帯電話が出始めたころは工事がなかなか注文に追い付かないくらいの忙しさだったが、今は落ち着いているとか。

一般家庭に電話や電線を引く工事となると、電力会社などから工事会社に来る工事代は1件あたり、やはり10～15万円。だいたいが1日仕事で、人件費の比率も同じくらい。

いずれにせよ、作業員は高所作業車のクレーンに乗り、電柱にのぼっての作業が中心になる。たとえ防護服を着ても感電する危険はあり、台風などの災害時も、インフラ復旧のための作業が行われたりもする。地下ケーブルをつなぐために、狭いマンホールの中に入っての作業もある。

その働きによって便利な生活を享受している世の中の人たちは、もっとこうした工事現場の作業員の皆さんに対して、感謝の気持ちを持つべきかもしれない。

畳

国産イグサから塩化ビニールまで。素材はいろいろだが、「高級畳」が好きなのは、実はあの人たち！

　家の中でも「和室」というのは減ってきてはいるようだが、それでもまだまだ「家を建てるなら和室がなきゃ」という向きは少なくない。その「和室」に不可欠なものといえば「畳」。一般人にはどれも同じように見えて、しかし、実は畳は「安いもの」と「高級品」との差が大きいのだ。今だと、安い畳を仕入れようとしたら、中国やベトナムなどから、出来上がった製品を1畳1000円前後でも手に入れられるとか。

　基本的に、畳は何重にも重ねた稲わらを締め付けて圧縮した「畳床」に、天然のイグサを編み込んでゴザ状になった「畳表」をかぶせ、端に「縁」部分を縫い付けて完成する。

　従って、原料として最も重要なのがイグサだが、日本国内の名産といえば岡山。とはいってもイグサは南方植物のため、中国南部や東南アジアなどではよく生育でき、日本よりもずっと安価に入手できる。それにしても、製造する人件費まで込みで1000円以下としたら、原材料費はおそらくその3分の1以下になるだろう。

また、近年では畳表に塩化ビニールを使ったり、綿が普通だった「縁」が化学繊維になったり、素材そのものも変化している。仮に材料原価1000円の畳としたら、その9割以上が「畳床」と「畳表」で、「縁」に使うのは1割以下といったところか。

一方、高級な畳となると、イグサの選別も厳しい。イグサは農作物である限り、年によって豊作、不作がある。収穫期は夏なのだが、その前の梅雨期に一気にのびていき、畳として使うのにふさわしい長さに成長する。だが、雨も少ない空梅雨の年には十分にのびてくれない。この十分にのびないままのイグサを畳に使ってしまうと、根の部分が白っぽく、あるいは茶色っぽく変色してしまい、畳にしたときにその色が出てしまう。

「畳表」「畳床」「縁」にはそれぞれ専用の業者がいて、それを問屋が買い取り、問屋は畳屋や住宅メーカー、ホームセンターなどに卸す。海外から1000円くらいで仕入れたものなら、問屋の売値は1500～2000円くらい。それが小売で3000～4000円とかになったりする。もちろん、これは最も安い部類の畳の話。

高級品となれば、小売価格で1畳3万～4万円くらいは普通にかかるが、イグサなどを日本製とし、クッションも入れれば、材料原価だけでも7000～8000円は覚悟しなくてはいけない。それに職人の手間賃も考えれば、製造原価は小売値の半分近いか。畳屋は、入手した「畳表」を「畳床」に縫い付けるのだが、寸分狂いのない畳を作るためには、熟練の腕がいるのだ。

だが、果たして、そんなに高い畳に需要があるのか？　との疑問は残る。

まず和室は減ってきている。それに、もし和室を残すとしても、今どきの建売一戸建てやマンションに、わざわざ高級畳を入れるユーザーはいるのか？

元来、畳1畳の広さについても、基準は「182×91センチ」となっているものの、別に関西に多い「京間サイズ」や、アパートや団地で使う「団地サイズ」と呼ばれるものもある。その中の「団地サイズ」などは、なるべく安く効率的に部屋を作るために出来上がったもので、畳の広さも、通常より一回り小さくなっている。

では、高級畳のユーザーはどこにいるかといったら、実は外国人なのだ。和食と同様、外国のお金持ちに人気らしいのだ。

ことにアメリカ人や中国人の金持ちで、庭に錦鯉を飼ったり、わざわざ家に和室を作ったりして楽しんでる人も少なくないらしい。彼らは、当然のように家にたっぷりとおカネをかけ、和室を作る限りは畳にもおカネを惜しまない。

コロナで一時期ほどの勢いはないが、それでもまだ一定の需要は続いているという。

かつての浮世絵ではないが、日本人が目を向けなくなった「日本文化」を、日本人ではなく、海外の人たちが守ってくれる時代なのだろうか。

第四章

伝える、学ぶ『原価』

アニメ

リスクを背負わなくなったTV局に代わって、制作予算を出す新たな存在が！

『サザエさん』『ちびまる子ちゃん』『ドラえもん』をはじめ、まだまだTVの世界では根強い人気を誇る30分のアニメ番組。その制作費は？

まずは音響費。声優や録音スタジオ代、音響に関わるスタッフ経費を合わせてだいたい150万円くらい。画面の背景だけを作る美術予算も150万円くらい。それに、コンピュータを使っての、すべての画像の撮影代が100万円くらい。

人物の部分などは、今でも手作業で描いていて、それも、動きの基本になる「原画」部分と、その原画が滑らかにつながるように埋めている「動画」部分とがある。30分番組1本だと、原画が300〜400カット、動画は4000枚前後が必要だとされている。

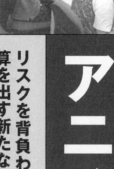

で、その値段だが、原画1カットが4000～5000円、動画1枚となると200円前後。若手アニメーターで、寝る間を惜しんでも動画を月に1000枚描くのは難しいから、最高でも月収20万いくかどうか。好きじゃないとやっていられない世界だ。

それでも日本のアニメーターに頼むと割高なため、韓国や中国に流すが、最近では現地の人件費も高騰している。こうした原画、動画でだいたい300万円前後。

彩色は、今はパソコン操作。これに80万円くらい。編集費が50万円くらい。

当然、脚本家、監督などにも合わせて1本で100万円程度は支払われる。シリーズ通しの作画監督やキャラクターのデザイン料なども、1本ごとで割ると数十万円になる。

さらに、必要な小道具や資料を集めたり原画や動画を運んだり、ロケハンをしたりで、色指定をしたり、コピー代やアフレコ用台本作りなどの経費で軽く100万円は超える。

制作費1200万円でも足が出る。ここ数年、さらにアニメの製作費が上がってきていて、最低でも1500万でないと受ける制作会社が無くなってきているのだ。原画代も1カット5000円以下では誰もやってくれない。

その理由のひとつは国からの改善要求があるが、さらに大きいのは、近年、TV局に変わる、いわゆるネットの大手動画配信サービス会社の登場だ。なんとアニメ1本につき、TVアニメの3倍以上の制作予算を出してくれる場合もあるという。ただしアニメコンテンツの権利の所有元は配信サービス会社になるなど、それまでTV局や制作会社がもっていた2次使用などによる「旨み」が失われることにもなる。

超低予算映画

『カメラを止めるな！』は例外中の例外。正直、制作費の回収も難しい！

『カメラを止めるな！』の大ヒットもあって、最近、とみに注目を集めている超低予算映画。『カメ止め』の場合は、制作予算３００万円で、なんと興行収入30億円を超えたとか。それでなくても、最近は編集や録音などはパソコン使えばタダに近い値段で出来る時代。映画の本数が増えてしまい、上映館の取り合い状態が長く続いているとか。

では、実際に３００万円で劇場用映画を作るとしたら何にどれくらいかかるのか？

まず撮影日数を１週間くらいとして、カメラマンは１日5万円前後くらい。メイク担当、スチール写真担当は１日３万、録音、衣装担当、助監督なども含めて、スタッフ代は１日15万円くらい。

問題なのが、出演者のギャラだ。全員ノーギャラといきたいところだが、さすがに主役には４～５

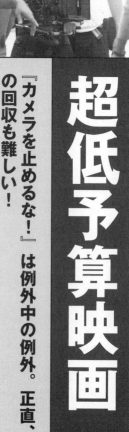

日拘束で最低10万円は必要。できれば名前の知られたゲスト俳優も出したいので1日拘束で10万。セリフのある役者も、エキストラもひっくるめて1人1日5000円と払っていくと、やはりトータル50万円にはなる。

さらに弁当代や機材や出演者を運ぶ車両費などが数十万円加わる、さすがに映画館でかけるとなれば、編集、録音をきちんとしたスタジオで行うとして30万円くらいはかかる。

これでほぼ300万円は消えてしまうのだが、P&A費という、映画館に配給してもらうための宣伝費も負担しなくてはいけない。それで最低数十万。また、上映のために、DCP（デジタルシネマパッケージ）と呼ばれる機械に映画のデータを入れなくてはいけない。これが1館につき4万円くらいずつかかる。もちろん今はフィルムや映写機は使わない。

しかし、『カメ止め』などは例外中の例外で、ほとんどの低予算映画は、たとえ上映しても制作費の回収も難しい。少しでも集客を増やそうと、話題づくりのために、わざとツイッターを炎上させたりしても、とにかく本数が多くて、なかなか目立たない。だから結局、制作資金自体を、クラウドファンディングでファンから集めて、監督やプロデューサーがリスクを背負わないケースが多い。

まずクラウドファンディングで制作費プラス数十万円程度の利益は確保して、上映後はDVDの売上げやネット配信で100万円以上の利益を出す、このあたりが理想的な展開らしい。ちなみにDVDは、5万円も出せば1000枚くらいは作れるとか。

かつて夢を売るビジネスの代表であった映画の世界も、正直、ミミっちくなったものだ。

TVバラエティの美術セット

意外に予算の中で比重が重い「建て込み費」！『徹子の部屋』が、超ありがたいわけは？

スポンサーからの広告費収入もネット媒体に押され気味で、番組制作費も削減され続けているといわれているTVの地上波。それでも、キー局のゴールデンタイム（午後7時～10時）の番組なら、1時間のバラエティで1本2000万円以上の制作費をかけるのが普通だともいわれている。

で、今回は番組全体ではなく、その中の「美術セット費」にしぼって必要経費をチェックしていこう。ここには背景となる大きなセットから小道具、それに飾りの花や植木などが含まれる。

TVバラエティの場合、期間の単位はまず最低2クール（6カ月）。22～24回は確実に番組が続く前提で、新番組が始まる時、美術セットの予算も組む。TV局関係者によれば、ゴールデンなら、2000～3000万円くらいはかけるとか。もちろん、2クール、ずっと同じセットを使うつもりで、最初にドン！とカネをかけるわけだ。

総予算のまず1割がデザイン費。有名デザイナーに頼むと、これが2～3割に膨れ上がることも。続いてセットの制作費が総予算の半分程度を占める。防炎加工のパネルや電飾などの材料費だけで100万円はオーバーし、大人数が総がかりでやるペイント代や揃える小道具代を合わせれば1000万円くらいは超えてしまうのだ。

では、それ以外に何にカネがかかるかといえば、一番がセットの「建て込み費」なのだ。

収録ごとに使われる番組のセットは、普段は倉庫にしまい込まれ、収録の日となると、まず夜中、真っさらのスタジオに2～3時間で組み立てられる。そのあと、照明やカメラ、音響などの仕込みに4～5時間。リハーサル、本番とあって撮りが終わると、またカメラ、照明の片づけの後にセットも片づけられて真っさらのスタジオに戻る。

要するに、この1回の「建て込み」に、最低でも十数人の大道具スタッフが参加し、人件費だけでも20～30万、大きいセットなら50万円近くかかるのだ。だからバラエティ番組の多くは1日で2本分を撮る「2本撮り」、ヒドい場合は「3本撮り」してしまう。建て込み費を節約できるから。

他にも、経費節減の手段として、どんな番組でも後ろのセットの一部として使える「ユニット」と呼ばれる汎用パネルを使い回したり、1度しかセット利用が出来ないコント番組を極端に減らすなど、TV局側も知恵を絞っている。だから、実はTV局的に最もありがたいのが、番組の長寿化だという。同じ番組が長く続いてくれれば、一部リニューアルはあるとしても、美術セット費は「建て込み費」以外はほとんどかからない。つまり『徹子の部屋』などは、この点でも、超優良番組なのだ。

地下アイドル

カネもかからず、チェキや撮影会でこづかい稼ぎ！
熱狂的ファンが10人いればOK！

コロナショックで演劇や音楽関係は大打撃だったが、その中で、なぜかシブトくライブ活動が続いているのが地下アイドルの世界だ。ライブをやめた話もあまり聞かないし、観客もほぼコロナ前と変わらないくらい集まっていたとか。

では、地下アイドルになるためには、どれくらいの費用がかかるのか？　実は一銭もかけずになれるのだ。女のコが私服で来て、「ステージに立ちたい」と頼めば上げてくれるところはたくさんある。衣装代さえかからない。カラオケボックスと同じ感覚だ。

もっと本格的にやりたい、となった時に、初めておカネがかかる。それでもドン・キホーテに行けば３０００～４０００円でアイドル風の衣装は買えるし、オリジナル曲が欲しくなれば、ネットのＳ

NSで、3〜5万円くらいで作詞作曲を請け負ってくれる人間もいる。彼らとはメールだけのやり取りで、一切顔を合わせないケースもあるが。

地下アイドルの必需品といったら、インスタントカメラ「チェキ」だ。客と一緒にチェキを撮ったら1枚1000円、サインまでついたら2000円、といったような形で販売する。チェキ1台は1万円前後が普通だし、フィルムも20枚1000〜1500円くらい。だからライブで1日50枚とか撮れれば、利益率は非常に高い。

もっと稼げるのが撮影会だ。スタジオを借りたら最低でも1日1万5000円以上はかかるから、と公園や路上を使って行うことも多い。1対1の個人撮影、いわゆる「個撮」なら1時間で料金1万5000円くらいは普通で、しかも女のコの食べたいものを客がおごったりもする。つまり、デート感覚も楽しめる。これが3〜8人くらいの、ときには10人を超える「グループ撮」になると、1時間で1人5000〜6000円とかになる。

もっとも、地下アイドル中心の芸能事務所に所属している場合も少なくなく、そうなると衣装代、チェキ代、オリジナル曲代などは事務所持ちだが、チェキや撮影会の料金の半分以上、まれに80〜90%を事務所が取る、なんて例もある。ちなみに、顔がキレイだから人気があるとも限らない。かえって、ちょいブスだけど愛嬌があって親しみやすいコのがチェキがいっぱい売れたりするとか。

中には、衣装もチェキも、必要な経費は全部ファンに出してもらって活動してるコもいて、仮に10人くらい熱狂的なファンを持てば、何年も地下アイドルは続けていけるともいわれている。

情報商材

商材の内容以上に、どう世の中にその「情報」の価値を拡散していくかが大切！

「情報商材」をご存知だろうか？

ネット上で様々な「情報」を販売するものだ。「稼げるＦＸ投資法」などといったものから、「アトピーの治し方」「得する離婚の仕方」「1カ月で英語がうまくなる方法」など、あらゆるジャンルの「情報」が売られている。価格も数千円から数万円、中には数十万円のものもある。

で、その原価といえば、ＣＤやＤＶＤ、印刷物など形になっているものなら制作費がかかるわけだが、ネット上で、ＰＤＦとして送られる「情報」なら、実質、制作費はゼロ。だから昔はほぼ資金ゼロで数千万円から億を稼ぐ例もあった。

ただ、その情報が価値のあるものとして世の中に広げてくれる存在が不可欠になる。通常であれば

ＡＳＰ（アフィリエート・サービス・プロバイダー）という会社に依頼して、そこに登録しているアフィリエーターたちに商材の情報を流してもらう。商材が１つ売れるごとにＡＳＰは売値の８％前後、アフィリエーターに30～40％前後がわたる。つまり価格１万円の商材なら、売れれば４０００～５０００円はＡＳＰとアフィリエーターにいき、情報元やサイト制作者が残りを分け合う。

最近の特徴としては、もはやセールスレターで客を呼ぶより、動画、それも撮影、編集にも数百万円かけたような本格的な画像を使って売る商材が増えているのがあげられる。こうした立ち上げは「ローンチ」といわれるが、たっぷりカネをかける分、商材自体の価格も１万２万では製作費が回収できず、高額化の傾向にはある。

かつて、情報商材が広がり始めた十数年前は、「詐欺まがい」のものも少なくなかった。

また消費者の側も「ネットでモノを買う」という経済行為には慣れていなかったため、たとえは「不労所得で１００万円儲かる」とうたった「情報」を買ってみたら、「屋根瓦を仕入れて売る方法」が送られて来たり、胡散臭いものが多かった。

だが最近についていえば、今も悪徳業者が皆無とはいえないが、ＡＳＰをはじめとして、自分たちの信用を落とさないよう、商材の内容はチェックして、ブラックなものは極力排除している。ユーザーもだいぶ経験を積んできて、そうそうはうかつな商材に引っかかりづらくもなっている。

近頃では、価格数十万円とか高額ながら、たとえば半年間、毎日コンテンツを送って英会話の実力をアップさせる商材、といったようなものが人気になっているとか。

書籍印刷

小部数ならオンデマンド、大量ならオフセット。ペーパーレス時代でも頑張る！

電子書籍の比率が年々増えつつあるといわれる出版界だが、まだまだ「紙の本」にも根強い人気はある。現在でもまだ、出版市場の80％近くを紙の本が占めているともいわれる。紙の本を作る場合、まず経費の多くを占めるのが印刷費。現在、その印刷は、主に2種類のやり方で行われている。ひとつが、オフセット印刷と呼ばれるもので、まず原版を作り、それに沿ってインクを入れて作り上げるもの。もうひとつが、オンデマンド印刷で、インクジェットで、いわばカラーコピーを大量に作るような方法だ。1000部単位の本をいっぺんに印刷する場合は明らかにオフセットの方が効率的だが、細かく100部くらい作るなら、オンデマンドの方がずっと安くなる。

もう少し詳しくいえば、オフセットの場合、原版をまず作るのにカネがかかる。仮に、単行本で最も多い判型といわれる「四六判（127×188ミリ）」で200ページくらいの本を1000部作り、印刷と製本を合わせてカバー含めて40万円くらいかかるとすれば、そのうちの10～20％が製本代で、原版を作る費用が30～40％になる。残りが印刷代や用紙代で、印刷会社の利益は10～20％くらい。原版代が同じだけかかる分、500部作っても印刷代は1000部の半分とはならず、30万円前後かかる。

一方、オンデマンドの方は、コピーと同じようなシステムなので、作った分だけ印刷代がかかる。1部500円で100部作れば5万円、それに利益を乗せて6万円。だからもし1000部作るなら60万円。100部なら割安だが1000部なら割高、という意味がよくわかる。

さらに写真の画像などは、オフセットの方がきめ細かくキレイに仕上がる。

ではいったい、オンデマンドにはどんな需要があるのか？　たとえば、発売前に見本として100部だけ刷って関係者に配りたい、というような時に便利だし、最近では100部単位の小ロットで売る本を作るケースも増えてきている。また、小出版社などは、仮に、そこそこ売れている本で少し増刷したいが、1000部も増刷して売れずに在庫を抱えるのはイヤ、そんな場合でも、100部単位で注文できるオンデマンドは都合がいい。

すでに印刷会社の中でもオンデマンド専門のところも少なくなく、オフセット専門の会社が、小ロットの注文をそちらに依頼することもよくあるとか。

出版界は大量生産から、より「手作り」感が強い時代に変わりつつあるのかも。

翻訳

1文字いくら、から1冊いくら、印税契約など、翻訳料はいろいろ！

翻訳本の「翻訳原価」をみていく。

『ハリー・ポッター』シリーズ、ドラッカーのような欧米の経済学者によるビジネス本をはじめ、記憶に残る大ヒット本も数多い翻訳本。では、果たして翻訳料は、どんな仕組みになっているのか？

最も基本的なものは、英語から日本語に訳すものだが、これも、もとの英語の文字数で計算するか1ワードいくらで計算するかがある。たとえば「Letter」なら、1文字2円なら6文字12円だが、1ワード10円とくくれば10円。

訳した後の日本語で決めるケースもある。「psychology」を日本語にすれば「心理学」。1文字2円なら6円だ。だから、わざと「人間」を「にんげん」とひらがなにして字数を稼ぐ、なんてセコい手も時には用いられる。

もちろん翻訳技術によって値段も変わってくる。スマホの翻訳アプリとほとんど同じくらいの初心者レベルなら1文字2円なのが、専門書の専門用語を駆使できるところまでくれば1文字20円もありとか。だが、専門用語だから難しくて、簡単な言い回しだから楽、とは限らない。

たとえば「oxygen」は「酸素」としか訳しようがない。でも、「take on」は、取る、乗せる、攻撃する、装うなど、いろいろな訳語がある。かえって難しい。

となると、問われてくるのは、語学力とともに日本語でうまくニュアンスを伝えられるセンス。「I love you」を夏目漱石は「月がとってもきれいですね」と訳したのは有名な話だが、どれだけ状況に合った日本語を入れ込めるかが翻訳家の「腕」なのだ。

もっとも、翻訳料は常に「1文字いくら」ではない。1冊20万字の厚い本で、1文字10円で２００万円、なんてしていたら、出版社もとても払いきれない。そこで、いわゆる印税契約も出てくる。欧米の小説の権利料を売値の４～５％と設定して、翻訳印税も４～５％にする、とか。つまり２０００円の本を５０００部刷って印税５％なら50万円。

それでも『ハリー・ポッター』のような大ヒット作品を手掛けられれば大儲けだ。

1冊30～50万円くらいの翻訳料で請け負う買い取り仕事も多い。それとアメリカのビジネス書を翻訳した後、ホリエモンのような有名人が「監修」として付く、なんてことはよくあるとか。

最近、英語以外で注文が多いのは、やはり中国語翻訳らしい。

芸能スクール

時代とともにジャンル別の志願者の増減が激しく、今、一番人気のあるのは声優クラス！

一口に「芸能スクール」といっても、実に大小さまざまだ。大都会の中心部のビルの数フロアを使って1000人単位の生徒を集めるようなところもあれば、「スクール」とは名ばかりで小さな貸しスタジオや会議室のスペースで歌や演技などのレッスンを行っているところもある。

そこで、一応、東京の中心地に拠点を構え、200〜300人程度の生徒を持つスクールを設定して、必要経費をみていこう。ある、スクール運営者によると、ダンス、演技、アナウンサー、声優、ミュージシャンなど、どのクラスに力を入れるかで変わってくるが、もしも音楽やダンスを中心に考えるなら、初期投資として5000〜6000万円は覚悟しなくてはならないらしい。

仮に歌のレッスン用に4坪程度のブースを4〜5部屋用意するとしたら、1部屋につき、防音設備を整えるだけで300～500万円くらいはかかる。それに音響機材まで含めれば600～800万円くらい。全体で3000万円は超えてしまう。

ダンススタジオも併設するとなると、防音や音響だけでなく、床の振動対策も考慮に入れなくてはならない。床材も、弾力性があって滑りにくいものが求められる。内装にもおカネをかけるとなれば、こちらも最低2000万円くらいは覚悟しないといけない。

月々の固定費となれば、大きいのは家賃。ダンススタジオならば少なくとも更衣室を含めて30坪は必要で、東京でも、交通の便もよく、生徒が集まりやすい渋谷、新宿あたりとなれば、坪2～3万円として60～90万円。歌のレッスン用ブースにも、待合室含め同じ広さを使うとしたら合わせて120～180万円。

インストラクターやボイストレーナーについては実績によって時給1500～5000円くらい支払うとして、スタッフの人件費もあわせ、月に200～300万円くらいか。

となれば、週1回の生徒の授業料を2万円としたら、300人は集めないと採算が取れないことになる。だからそれを維持するためには、時代のニーズに合わせなくてはならない。

たとえばダンスミュージックがウケた時代はダンス科が多かった。お笑い芸人のクラスやアナウンサー志望が多かった時期もある。今は完全に声優クラスが多いとか。

もっとも、コロナ禍のおかげで、開校予定のスクールが開校延期になったり、生徒たちのライブが中止になったまま再開のメドが立たないなど、深刻な影響が続いている。

学習塾

過当競争の中で、大手学習塾も教室の少人数化へ！

すさまじい勢いで少子化が進行する中で、苛烈なサバイバル競争が展開されているのが学習塾業界だ。大手、中小問わず一様に生徒数の確保のために力を注いでいる。

最近、目立っているのは、教室ひとつひとつの規模を縮小する代わりに、教室の数を増やしていくシステム。大手でも、そういう教室が多くなっている。

たとえば、広さ10坪前後のビルの1部屋を借り、パーテーションで2つに区切って、それぞれ、小学校クラス、中学校クラスなどと分けて授業を進める、そんなやり方は中小の塾は当たり前でも、大手ではあまり見かけなかった。もっと教室の規模が大きかったのだ。それが新規開拓のため、大手でもこの規模の教室が普通になっているとか。それでもなかなか利益を出すのは難しく、さらなる生徒掘り起しのため、先生1人に生徒が2、3人、などといった家庭教師に近い個別指導の教室も増えているらしい。

さて、10坪前後の場合の運営費用はどれくらいかといえば、まず第一にかかる固定費は家賃。場所にもよるが坪1万～1万5000円として、10～15万といったくらいか。それに続いてかかるのが講師の人件費だ。多くは大学生のアルバイトでも、時給1500～2000円あたりが相場か。

教室運営者が同時に塾講師も兼ねているケースもよくあるが、やはり人件費のトータルは最低でも30～40万円は必要。それに光熱費やコピー機のレンタル代などで月2～3万円、大手なら、本部が一括で行う宣伝についても、中小だとチラシのポスティングやネットの塾の検索サイトに払う広告費で月2～3万円はかかる。

合わせると、必要経費は少なくとも50～60万円くらいはかかるわけで、生徒が1人週2回2時間で授業料2万円前後として計算すると、黒字を維持するためには1教室30人以上は生徒を確保しないといけないことになる。

もっとも進学塾か補習塾かで、料金設定自体も変わってくる。受験用なら、まず生徒も大手に行くし、授業料も3割増しから5割増しくらいにはなる。

コロナ禍以降、リモート授業を積極的に取り入れる塾も、ことに大手では少なくはないものの、中小では出来る限り対面授業にこだわるところもまだまだ多い。

効率的で受験情報も豊富な大手と、地域密着で触れ合いを大事にする中小、止まらない少子化の中で今後、業界の勢力図がどう変わっていくかは、なかなか予想がつかない。

撮影スタジオ

マンションや一軒家のモデルハウスも、臨時のスタジオになってしまう！

雑誌のグラビア撮りなどで使う撮影スタジオにも、大きく分けると2通りある。

ひとつは壁が丸くなっていてシャドーが出来ず、どんな撮影にも対応できるようになっている「ホリゾントスタジオ」。もう1つが、リビングであるとか、ダイニングであるとか、あらかじめシチュエーションが決まっていて、それに合った撮影に使われる「ハウススタジオ」。

本格的なホリゾントスタジオを作ろうと思ったら、まず天井まで5メートル以上の高さの部屋が必要だったりするので、建物をオフィスビルとかに転用できない。芸能人相手なら都心の立地でないといけないし、土地代、建物代、機材費込みでトータル10億円かかったりする。

さすがに、そんな大げさな話ではないハウススタジオの方に注目していこう。

たとえば月30～40万円で都心のマンション1室を借り、そこを300～400万円くらいかけて室内を改装し、スタジオ経営するという人もいる。

ペーパークラフトやオブジェ、壁紙といった、室内の雰囲気を作る内装や小道具部分に200～300万円かけて、あとはストロボやスタンド類、撮影の背景に使うペーパーをぶら下げるためのバトンなど、機材、備品に100～200万円かけたり。かつてはストロボ1台100万円以上当たり前だったが、マンションの1室なら、今なら5～6万円のものでも、さほど差がなく撮影できるとか。

それで1時間1～2万円の料金をとって、1日10時間の20日間稼働すれば売り上げは200～400万円。月50万円くらいでスタッフを2人雇っても、家賃も含め必要経費は月100万円以下で抑えるのも可能。十分な利益は出そうだが、実はそう簡単ではない。

なぜなら、ハウススタジオだと、2～3年ごとくらいに新しいシチュエーションにしていかないとユーザーに飽きられてしまうからだ。

つまり、そのたびに新たな内装費や小道具代がかかる。そこで、よく使われるのが、一軒家のモデルハウス。いずれは希望者に売却するとして、売れるまでの限定期間を撮影スタジオにするわけだ。女性などに喜ばれそうな「小洒落た」感じの物件も多く、販売業者側にとっても、日銭が入る分、効率がいい。

また、主婦が自宅の1室をハウススタジオ風に改装し、自作のアクセサリーや小物などを撮影してネットに流し、販売して収益をあげる、などのケースも珍しくなくなってきている。

ビジネスセミナー

厳しい状況の中で活路を開くカギは「リモートセミナー」と「ニューノーマル」！

ビジネスに関連することなら、とにかく多彩なテーマをラインナップして、必要な人に必要な知識を提供するのがビジネスセミナー。だが、コロナショックによって市場の状況が激変している。

まずコロナ以前は、銀行や新聞社、社団法人など、様々な団体が講座を開き、中には年間1000本以上のセミナーを開催しているところもあった。

たとえば「営業マンのマナー講座」といったものから、「会社の資金繰りの方法」、さらには「労働基準法改正への対処法」といったものまで様々な項目まで揃えられていた。

受講の対象も経営者層から若手社員層まで多岐にわたっていて、講師側も、内容に応じて弁護士や税理士、元税務署職員、起業家、元トップセールスマンなどいろいろ。

では、1日だけのセミナーを1本開催するのに、いったい必要経費はどれくらいかけたのか？ 固定費としては、まず講師代。通常は20万円前後か。それに最大で100人くらい入る会場を借りるとして、その代金に10～20万円。それに広告用のパンフレットやダイレクトメール代、HPのメンテナンス費用などを合わせても1本につき20万円くらい。そこに光熱費やスタッフの人件費を含めた諸経費として1本あたり15万円程度を加えて、トータル65～75万円くらい。受講者に配付するレジメ（資料）代は1人分数百円で、講師が自分の著書を参加者に1冊ずつ配って代金はセミナー料に含まれる場合もある。

それに対して、参加者が払うセミナー料金はだいたい1人3～4万円。つまり採算分岐点は20～30人といったところか。

参加者100人超えとかなら、すごい利益率だ。

だが、その一方で参加者10人以下も少なくはなく、ギャンブル的要素もある。流行に関係なく安定しているのが「年末調整」などの税金がらみの講座。税務署でも無料で開いているのだが、税務署で「これ、経費になりますか？」とは聞きにくいのか。なぜか 常にセミナーではそこそこの参加者を集めていたらしい。

さて、それがコロナでどう変わったのか？ まずセミナーの形態として、「リアル」つまり直接対面形式のものが極端に減った。コロナが猛威を振るった時期は、ほぼなくなったといってもいいくらい。その代りに、いわゆるリモートが増えた。中には、ごく一部だけリアルにして、大多数はリモートというセミナーもある。

しかし、さすがにナマでないとなると、参加企業や人員も減ってしまう。そうなると経費節減は当然だ。まず講師代も、10～15万円くらいにダンピング。広告費もＨＰのメンテナンス代くらいに抑えて、スタッフの人数も極力１人に抑える。会場費も、リモートならばゼロ。運営者の事務所などから発信する。

これでセミナー料金も１人２万円程度に下げたりする。かかる経費を20万円くらいに圧縮すれば、10人集まると採算分岐点に達する計算だが、それが難しい。

岐路に立たされているともいえるビジネスセミナーだが、新しい鉱脈も生まれつつある。

キーワードが「ニューノーマル」だ。

「ニューノーマル」とは、社会に大きな変化が起きると、変化が起きる以前と同じには戻ることができず、新しい常識が定着していくことをいう。もともとこの言葉自体は21世紀が始まったばかりのころに登場した。ネット社会の到来で、それ以前のビジネスモデルが通用しなくなることなどを指したのだ。

それが今、リモートワークの浸透など、アフターコロナでのビジネス環境を指すものとしても使われるようになった。「ニューノーマル」の中での新たな営業や人事のあり方、どうしたら適応ストレスを軽減できるか、あるいは社員間のコミュニケーションの取り方など、課題も山積だ。そして、この「ニューノーマル」関連のセミナーが、人気を集めつつあるらしい。

第五章 癒しの『原価』

ショットバー

効率のいいのは、ウィスキーのストレート。では、あまりよくないのは？

「ショットバー」といえば、いかにも一時代前のようなイメージがあるが、まだまだ繁華街はもちろん、やや郊外の街にも「大人の隠れ家」といった風情の、渋くてオシャレな店は少なからず存在する。ウイスキー、ビールなどを、1杯ごとに料金をとって飲ませるカウンター形式の洋風な酒場、ということで、ボトルキープは常連さんだけ、といったような店も多い。

実のところ、この「ショットバー」という名前自体は、いわゆる和製英語で、外国にはそうした名前の店はなく、バーはあくまでバー。それ以外は、だいたい「パブ」と呼ばれていたりする。

サラリーマンが脱サラしてショットバーを始めるケースなども少なくないが、仮に、大都会の郊外に10坪くらいの店を開くとなれば、内装費や当座の運転資金など含めて５００～１０００万円くらい。

開店後は家賃に月10〜20万円、光熱費5〜10万円、それに酒や食材の仕入れで月20〜30万円くらいは必要。それで月に100万円以上の売り上げがあれば、たとえアルバイトを1人雇っても、経営は成り立つ。

その中で、とにかく原価率が高いのが生ビール。店によっては、瓶ビールしか出さないところもあるが、生が飲みたい客向けに、客寄せに置いておくところが多い。

ちなみに、仕入れは卸売業者か契約している酒屋から行うが、生ビールの場合、5リットルで仕入れ値は5000円以上、中生1杯200〜250ミリリットルとして20〜25杯くらい。1杯200円くらいかかるのに、だいたい店内価格は400〜500円前後で出すのが普通。つまり原価率40〜50％くらいの計算だ。これが中瓶なら、200円くらいで仕入れて600円くらいで出せるので、だいぶ効率はいい。しかも生ビールは毎日、サーバーの掃除が欠かせない上に、鮮度がウリで、2日で売れ残ったら廃棄しなくてはならない。

もっと効率がいいのが、ウィスキーのストレートだ。たとえば1本720ミリリットルならばシングルで30ミリリットル前後として20〜25杯はとれる。仮に高級スコッチで1本1万円以上するとしても、もし1杯1500〜2000円に価格設定すれば原価率は20〜25％以内。しかもバーに来て、ウィスキーを「高い」と文句言う客はまずいないとか。

だから、店にとっての上客は、カウンターに座って2〜3杯高いスコッチを飲んでくれて、さっさと30分くらいで帰っちゃう客。グループで来て、生ビールばっかり注文して長居するような客は、実はそんなには歓迎できないとか。

他に人気なのは、かつては「渋いオヤジの酒」と思われたのが「カジュアルで若者にも飲みやすい酒」としてイメージチェンジし、10年余り前にブームが起きたハイボールだ。バーだけでなく、居酒屋でも定番メニューとなっている。

基本的にはウイスキーとソーダ、それに氷の3つで成り立っている。で、その材料原価と売値はどのくらいが標準なのか？

ハイボールといえば『安い』イメージがあるが、千差万別。1杯4000円以上するハイボールもある。

ベースになるウイスキーを仮に700ミリリットル入りで仕入れ値4万円以上のものを使ったりすれば、1ショット30ミリリットルとして、1本で20杯とちょっと。すでにそこで2000円前後の原価がかかっている。

それと氷は1貫目（3．75キロ）400円としても、特製の丸氷に削ると、それで8個しかとれない。ソーダも1杯20～30円はかかる。原価率は50％前後だ。

これが、1本3000円程度のウイスキーをベースにすると、1ショットのウイスキー原価は150円くらい。ソーダと氷を合わせても200円前後。1杯750円で出しても、原価率は30％以下とグッと下がってくる。

これが居酒屋などになると、たとえばベースをペットボトル5リットル1本8000円のウイスキーを使うとして、1本でハイボール180杯分くらいとれる。つまり1杯50円前後。氷も製氷機の氷を使い、ソーダも普通の水に炭酸ガスを入れるだけなら、どちらも1杯2～3円以内ですんでしまう。さらにもっと安い4リットル4000円前後のものを使えば、1杯200円で出しても、十分に利益が上がるのだ。当然、しっかり氷とソーダにおカネをかけている居酒屋もたくさんあるのだが。

近年の健康志向もあいまって、カロリー多めのビールや、刺激が強すぎるウイスキーのストレートよりハイボールを注文する客が増えているらしい。

とともに、「ハイボール通」ともいえる人が多くなったようだ。注文も「ちょっとスモーキーなのがいい」とか「ワンジガー（1杯にウイスキーが45ミリリットル）で頼む」と細かくして来る客がけっこういるとか。

前にも書いたとおり、小規模のショットバーで月100万円の売り上げがあればまずまず成功だが、それでも25日営業なら1日4万円にしかならない。ハヤらない店だと、1日の客がせいぜい6～7人くらいで、平均売り上げが2万円にも満たないようなところも、ちょくちょくあるとか。

しかし、このクラスの店でも、かつて時短要請に応じていれば、1日6万円の協力金が出たのだから、これはコロナの「協力金バブル」が起きて当然だ。まずまずの売り上げを上げている店でもせいぜい1日の利益が2～3万円として、その倍以上もらえる。店を開けているよりも、閉めたままでおカネをもらっている方がよほど金回りがいいという異常な状態が続いたのだから。

協力金の恩恵にめぐまれたような小規模店にとって、平常に戻る方が、かえって厳しい「試練」かもしれない。

温泉旅館

バイキング形式の導入が劇的な経費節減を！　コロナの影響もなんとか克服！

かつて下降線をたどっていたのに、コロナ禍が来るまで、順調に回復傾向を見せていたものの中に「温泉」があった。

例をあげれば、昔は東京に近い温泉地として栄え、年間５００万人以上の宿泊客を誇った熱海が、その半分以下まで落ちてしまったのは２０１１年。高度経済成長時代に盛んだった企業の慰安旅行などの団体客が激減してしまったのが最大の原因ともいわれた。

それが宿泊客数は上昇に転じて、２０１５年には３００万人台を回復し、その後も順調に増え続けたのだ。外国人観光客とともに、個人客として温泉を楽しむ人たちが増加したためだ。

さすがに２０２０年からのコロナ禍で大幅な落ち込みはあったが、ＧｏＴｏキャンペーンなどもあり、予想したほど温泉旅館の「コロナ倒産」は起きなかったともいわれる。

では、その温泉旅館は、どれほどの経費をかけて経営をしているのだろうか？　かつて旅館経営を手掛けていた人物に聞くと、「かかるのは朝夕の食材。大雑把に行って、宿泊費1万円なら、夕食で2500円、朝食で500円くらい」とか。

やはりサービス業、その食材費を超えるのが、仲居や板前などの人件費。どんなに絞っても売り上げの30～40％以上はかかり、50％近い旅館も珍しくない。

さらに設備費や光熱費などにも20％以上は割かなくてはいけない。リピート客に飽きられないためにはリニューアルが必要だが、露天風呂を作るのにも億単位の投資が必要になる。

部屋の稼働率が6割以上あって、営業利益が5～10％あればまずは成功だが、利益を出すためには、やはり経費節減が大事。それが実にうまくいったのが、食事のバイキング形式の導入だろう。

100人の宿泊客がいるとして、食材も、昔ながらの1人1人のお膳形式なら100人分揃えないといけない。しかしバイキングなら平均して80人分くらいですむ。

そして何より人件費が削れる。調理人も3人を2人にできるし、100人の宴会なら「お運びさん」が5人はいるところをバイキングなら2人ですむ。

浮いた経費は、貯めこむのではなく、「カニ食べ放題」「マグロフェア」など、宿泊客が喜びそうな企画を立てて、食事の楽しさを味わってもらえばいいのだ。「カニ」と聞くといかにも高価そうだが、バイキングだと、1人につき500円分くらいの予算で仕入れれば、足りてしまう。

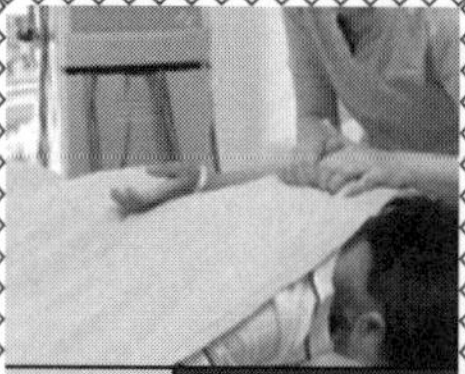

マッサージ・もみほぐし

すでに格安店も過当競争でつぶれそうな店続出！

マッサージ業界といえば、整体、もみほぐし、カイロ、タイ式マッサージなど多種多彩だが、法的に「マッサージ」と認められているのは、国家資格を持ったマッサージ師が行う施術のみ。マッサージ師が施術する店でないと「マッサージ」の看板も出せない。だが、現実的には、無資格、ないしは民間資格のみで開業する「マッサージ系」の店は非常に多い。

そんなマッサージ業界で大変革が起きたのが数年前だった。それまで、マッサージ店の価格相場といえば、だいたい10分1000円前後。つまり60分なら6000円くらい。そこにいきなり60分2980円といった、ほぼ半額の値段でサービスを提供するチェーン店が出現したのだから。

ではいったい、どうしてその低価格が生まれたかといえば、システムの変革が大きい。運営会社は、あくまでセラピストに施術の「場所貸し」をする形にして、売り上げの3分の1程度を徴収して家賃を支払う。店の維持にかかるタオル代、オイル代なども、極力ゼロに近づけ、客にお茶出しのサービスなどもしない。そして残りの3分の2はセラピスト本人が受け取る。予約電話の受付など事務的作業もセラピストに任せる。

　初期投資も、ベットは1台3～4万円のものを揃え、内装費もほぼゼロ。広告費も、あくまで口コミと、無料のネット投稿がメインでカネをかけない。

　これで、セラピスト3人で1日25人ずつ施術するとして、月の売り上げは200万円前後。家賃20万円程度の場所を借りても十分に採算が取れる。ただし格安店も出来た当初は大繁盛したが、その後は過当競争で、つぶれそうな店が増えているらしい。

　これが、格安店出現以前は普通だった60分6000円くらいの店でいくと、だいたいセラピスト本人の取り分は3000～5000円くらいで、レンタルタオルのリネン類に月に10万円以上、オイル代5～6万円、紙パンツなどに2～3万など、それなりにカネをかける。電話番も雇って家賃も払うと、やはりセラピスト3人として、最低、1日15人程度の客は必要。

　しかし、この業界で利益率が高いのは、やはりメンズ・エステ。

「メンズ・エステ」と呼ばれる中には、女性がフーゾクぎりぎりのサービスをしてくれる店がある。というより、フーゾクの中に含められることもある。これをたとえば60分1万円以上の価格設定で、家賃15～20万円の2LDKのマンションを借り、女性セラピスト3人で回すとする。もしも予約が満杯状態になれば、女性の取り分が55％程度としても、オーナーに入る月の利益が百万単位に達することもあるらしい。

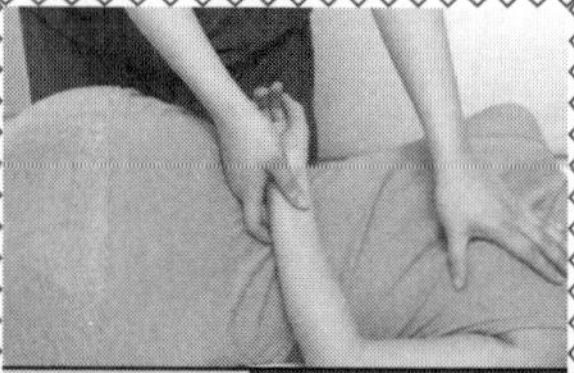

整骨院

整骨院でも、健康保険適用でなく、自由診療の施術が増加中！

「整骨院」と「整体院」といえば、同じもののように錯覚しがちだが、実はだいぶ違う。整骨院は専門の学校を卒業し、柔道整復師の国家資格を取得した人しか開けないのに対し、整体院は特に資格を持たなくても開ける。

だから整骨院は、骨折、脱臼、打撲などのケガを治療する場合、健康保険の適用が受けられるし、自動車事故や労災にも保険で対応できる。整体院にはその権利はない。ちなみに「接骨院」は「整骨院」と同じ。

では実際に整骨院を開くとなれば、どのくらいの費用が必要なのか？

揃えるものといえば治療用ベットだが、高くても10万円くらい。リサイクルショップなら1万円以下も探せる。電気療法や温熱療法などを使うとすれば機具が必要で、たとえば高周波治療器などは、高いと1台100〜300万円するものもある。ただしこれも、月2〜3万円のリース代で借りることも出来る。部屋を借りて家賃を払うとなれば、保証金なども含めて最低100万円はかかるが、自宅でもできる。部屋の改装費を入れても、施術者は1人でベッドも1つ、広さは10坪程度の規模ならば、500万円以内で始められる。

整骨院ならば、患者1人の治療費は1500〜2000円くらいが平均。患者自身は健保の3割負担だと500〜700円を支払う。施術者が1人だけのところなら、患者は1日25人前後、月に500〜6000人で収入は月80〜120万円。

一方、支出は、家賃のほか、水道光熱費は夏場なら3〜4万円かかるし、通信費、宣伝費、機器がリースの場合はその代金、さらに保険請求のための特殊なシステムがあり、その請求を代行してもらうのに月2〜3万円はかかる。仮に家賃20〜30万円、チラシやHP、グーグルのPPCなどの宣伝費に月5〜10万かけると、支出は50〜60万円。十分な利益とはいえない。そこで最近は、保険対応ではない施術をメインでやるところが増えている。1時間治療するかわりに料金は1万円の自由診療の予約制とか。これなら患者が1日5〜6人でも、以前よりも売り上げはあがるし、保険請求のわずらわしさもない。

ちょうどコロナ対策としても、数多くの患者による「密」状態は避けられ、都合がいいともいわれる。もっともこれが出来るのは、固定客のついている施術者に限られるが。

スポーツジム

コロナで会員が9割減ったジムも。減った会員数をポスティングで増やす!?

スポーツジムといえば、２０２０年に起きたコロナ禍では、クラスター発生源のひとつとして、残念な意味で注目を集めてしまった。大きなジムでも、コロナで会員が１０００人やめて、再開しても１００人しか戻ってこない、といった例は珍しくなかったのだから、被害は甚大だった。

さて、そのスポーツジムだが、大まかにいってプールなども備えた大型のものと、24時間営業の、トレーニングマシーンなどを中心とした中型から小型のジムに分かれる。

その中の24時間営業のジム側にしぼって、だいたいの経費をみていこう。

広さは更衣室とシャワールームに15〜20坪くらい使うとして、全体では80〜90坪くらいが標準。東京中心部で家賃が坪２万なら、これだけで１６０〜１８０万円かかる。

備え付けのトレーニングマシーンは、有酸素マシーンやパワーラックをはじめ、一通りそろえると1500～2000万円くらいかかる。海外の安いマシーンとかなら1000万円以下でも揃う。ダンベル、バランスボールなどの常備品で100万円前後。

月々の固定費でいけば、大きなジムなら従業員20～30人もあり得るが、24時間ジムは会員は1人でやってきて個人トレーニングをして帰る、といったケースが多いため、スタッフ数人で十分に回せる。せいぜい人件費は月70～80万円以下。あとは光熱費やトイレットペーパーなどの消耗品費で10～20万円くらい。家賃などの固定費に器具の減価償却費などで月に250～300万円くらいはかかる計算だ。

一方の収入は、だいたい会費は契約ロッカー代込みで月8000～9000円程度。大型ジムが50～60代の中高年層が多いのに対し、24時間ジムは20～30代のサラリーマン男性や、女性も多い。

この規模のジムでは、損益分岐点は会員300～400人。会員600人を超えれば近くに2つ目のジムを開くか検討するという。それで、なぜか広告は、今でもネットよりポスティングの方が効果があるとか。ジムの1～2キロ圏に必ずチラシを配る。それと、駐車場以上に駐輪場が大事。自転車で来る会員の比率がとても高いのだ。

夏場になると一気に50％くらい会員数が増えても、シーズン過ぎたらまた50％が退会、というくらい新陳代謝が激しい業界。しかもコロナの影響も続く。どう会員を増やし、退会率をさげていったらいいか、勝負どころだ。

1000円カット

「美容院よりカットがうまい」といわれる店には、女性客も集まる!?

街を歩くと、いわゆる昔ながらの床屋が減り、その分、1000円カットの店が増えているのはよくわかる。しかし、だいたい1人3500~4000円くらいの料金をとる床屋に比べて、利益は上がっているのだろうか?

1000円カット店の経営者によれば、1人いくらの客単価というより、分単位で計算しているとか。つまり1分100円とすれば、1人平均10分かけるとして料金1000円でやっていける。それだけ薄利多売と言うか、客の回転がよくないと困るのだ。より細かくいえば、普通の床屋や美容院と比べ、シャンプー用の流しや、蒸しタオル機、湯沸かし器などの水回りの設備はほとんどいらないし、内装も凝る必要はない。椅子は10万円以下の中古品でもいいし、ハサミやバリカンも1万円以内でそろえられる。結局、普通の床屋なら開業準備だけでも最低500〜600万円かかるところが、居抜きで借りれば100〜150万円くらいでも可能なのだ。1人で運営する個人店を例にとれば、月々の必要経費は仮に家賃を10万円とすれば、電気代、水道代が月に1万〜1万5000円くらい。広告費も、人通りのある街で開店すれば、店の前に「1000円カット」の看板を掲げるくらいでほとんどかけず、あとは消毒や通信費など込みでトータル月15万円くらい。コロナ以降は消毒などに気は使うものの、費用的にはさほどではない。

これで1日20〜30人、月にして600〜700人くらい集客できれば50万円以上の利益となる。10時間営業で1時間2〜3人なら、ひどい激務ではない。そこがチェーン店となると、月給35万円くらいで1時間6人を8時間フル回転、なんてこともあるのだが、その分、どうしてもチェーン店はカットが雑になるケースもある。それでわざわざ個人店を探して、常連になる客も多いとか。

さらに、業界の人手不足も深刻になってきている。もし売り上げが増えて個人店でも従業員を雇おうとしても、ほとんどいい人材は見つからない。大手チェーン店ですら、店舗を増やすのがままならなくなっているのだ。またチェーン店で数多くのカットを経験し、経営のノーハウを学び、独立して個人店を始める人たちも少なくない。コロナ禍もあって、高齢になった普通の床屋が店を閉めるケースは相次いでいるため、居抜き物件を捜すのは、さほど難しくないとか。

腕を見込まれ、「美容院よりカットがうまい」と若い女性客が来るような店もある半面、過当競争の中で開店休業に追い込まれるようなところもある。最近では1000円カット業界内の「格差」も激しくなってきているのだ。

スキューバダイビング

コロナ禍以上に深刻なのが、若者層のダイビング人口減少！

ダイビングといえば夏のイメージだが、たとえば日本最西端の与那国島では、冬場にこそ「ハンマー」と呼ばれるサメの大群が見られるなど、1年中、潜れるポイントはある。

では、そのダイビングのツアーというのは、どれくらいの料金で、必要経費はいくらくらいで運営されているのだろうか。冬の短い時期を除き、ほぼ1年中潜れる、沖縄の例をもとに見ていこう。

1人あたりの料金は1万～1万5000円くらい。それにウェットスーツ、マスク、シュノーケル、フィンなどのレンタル料は別に5000～6000円くらいはかかるが、ある程度、経験のあるダイバーなら、けっこう自前で持っている。運営側は、たとえばダイビング用品のショップから、車で港までツアー客を乗せて行き、そこで客を船で沖合まで連れていく。使う船は、客が4～5人の漁船風から、40人以上乗れるクルーザーまで様々。船をいくつも持っている大きなショップもあれば、個人経営で、他人が持っている大きい船に客を乗り合いで乗せてもらって運営しているところもある。

もちろん、この船こそが最も高価であり、中古の漁船でも1000万円、大型クルーザーとなれば最低でも億単位はかかる。そこで、仮に20人乗りくらい、価格5000～6000万円のダイビングボートを所有してツアーを募集する運営者を例にしてみてみよう。

1回につき、1人1万5000円で15人くらいのツアー客が来たとする。それを月に20～25回実施すると運営者の収入は約400～500万円。

一方、支出は5000万円の船を10年間で減価償却するとしたら、月40万円。船長やインストラクターの人件費を1日4万円とすれば月80～100万円だ。船の燃料費にも1回ごとに3～5万円。ツアー客が使用するタンクの空気充填費にも月間トータルで50～100万円くらい。送迎用車輌の維持費に月5万円程度、車の駐車場に当たる船の係留費に月10万円前後はかかるとして、たとえ船のメンテナンス費用があるとしても、相当儲かっているような気もするが、そんなに甘くない。天候次第で、台風で海が荒れて、1週間どころかそれ以上の期間収入ゼロもよくある。それに、今、コロナ禍以上に深刻なのが、若者のダイビング人口の減少。スキーは減った分をスノボとかである程度カバーしているが、ダイビングにはカバーするものもない。

バブル期の1989年に原田知世主演で作られた映画『彼女が水着にきがえたら』のころが、まさにダイビングのピークだったとか。ああ、バブルの夢はるか！

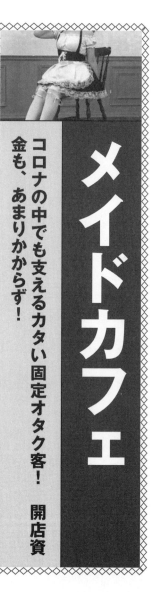

メイドカフェ

コロナの中でも支えるカタい固定オタク客！　開店資金も、あまりかからず！

なぜか、メイドカフェはキャバクラやガールズバーなどに比べて、コロナ禍の被害はやや少なめだといわれている。業界関係者によれば、大事な顧客だった外人客はいなくなったものの、基本的にあまり酒を飲まない客が行くところだし、根強い愛好家というか、カタいファンが多いのが強みになっている。客の多くは、メイドとは彼女が注文のドリンクを持ってきたりした時にちょっと話すだけ、あとはずっと携帯電話をいじったりするだけにもかかわらず、そこそこの売り上げを確保している店がけっこうあるらしい。

だいたいメイドカフェは、開店資金もあまりかからないビジネスなのだ。

仮に秋葉原などの一等地で開くとしても、雑居ビルの高層階が多く家賃は坪1～2万円。カウンターや椅子、テーブルだけの、もともとはスナックだったような場所を居抜きで借りれば、広さ15坪くらいとしても、保証金100万円くらいで、改装費もほとんどかからない。

しかも人件費が安い。メイドの女のコの時給は、ほぼ普通の喫茶店並みの1100〜1200円くらい。たとえば、ある客の誕生日で、1000円のオムライスにメイドがケチャップで「お誕生日、おめでとう♡」といったような落書きをして500〜1000円の追加料金を取ったりしても、多くの店ではメイドにはバックは支払わない。

衣装も、本人がドン・キホーテで4000〜5000円のものを買って着たりすることもある。

それでもメイド志願者が尽きないのは、キャバクラなどに比べて客が大人しくて安心なのと、メイドになれば変身願望やスター願望を満たせるのがあるのだろう。

ドリンクやフードも、相当、原価率の安いものが多い。メイドの作ってくれた特製カクテルが1000〜1500円とかいっても、中身はジュースをサイダーで割って原価100円以下とか。

仮にドリンク飲み放題で40分1500円のコースとかでも、フードは別で原価100円前後のスナック菓子が500円で提供されたりする。しかも40分の1コマだけで帰る客は少なく、だいたいは2コマ以上に延長する。

15坪程度の店でも、客単価3000〜4000円くらいとして、1日30〜40人くらい集客できれば、売り上げは10万円以上で、必要経費をひいても半分近くは利益として残せる。

一時期のブームは去ってもしぶとく生き残っている理由は、そのあたりかもしれない。

ペット（犬・ネコ）

だいぶ改善された「悪質ブリーダー」問題。結局、愛情持って育てた人たちが生き残る！

ここ10年くらいで、だいぶ様変わりしている業界のひとつにペット業界がある。

かつて、ペットショップに子犬などを提供するブリーダーの中には、正直、「悪質」な業者は少なくなかったといわれる。

たとえば山間部などの、土地が広く、周囲から臭いや吠え声などへの抗議が来ない場所に施設を作り、狭い檻に種付けしたメス犬を押し込み、運動もさせず、とにかくボロボロになるまで子犬を生ませ続ける、といった例は珍しくなかった。

仮に母犬の骨盤が折れて通常分娩が難しければ、すぐに帝王切開してでも子犬を産ませたり、出産回数を多くするためには母体の健康なんてお構いなし。カネのためなら何でもするような虐待のひどい業者もいたのだ。

かける費用も母犬のエサ代に、せいぜい狂犬病などの最低限の予防接種代など数万円。血統書付のオスとの交配には数万円の種付け料がかかるとしても、それで1回2～3頭が生まれて、1頭10万円くらいで売れれば、十分に利益が出る。中には支出を削るために予防接種もパス、といった最低の業者もいたらしい。が、そうした悪徳ブリーダーは、近年、劇的に減ってきているとか。

特に影響が強かったのが、動物愛護管理法だったという。

何度か改正されて規制が強化され、それを守らない業者には業務停止命令を含む厳しい処分が下されるようになったのだ。

また、全国各地に、飼育放棄や、悪質ブリーダーにボロボロにされた犬などを保護するための組織も生まれ、殺処分ゼロを目指す地方自治体も多く、かつてペット業界を覆っていた「闇」が、相当キレイになったといわれてはいる。保護された犬の里親として、タダで犬をもらい、育てている飼い主も多い。

とはいえ、いまでもペットショップやネット販売で、ペット犬が「商品」として売られてもいるのは変わりない。

現在、チワワやプードルなどの小型犬の子犬で、ほぼ小売価格は平均20～30万円。両方の混血である「ミックス」でも20万円くらい。親がドッグショーのチャンピオンだったりすれば、１００万円の値が付いたりもする。

ペットショップがブリーダーから買う価格は、おおむね小売価格の60～70％。もっとも、中にはショップ経営とブリーダーとを兼ねているケースも少なくない。

また最近では、ブリーダー問題以上に、ペットを虐待したり、「買った子犬が病気を持っていたから、カネ返すだけじゃなくて慰謝料よこせ」と業者にクレームをつけてくるような「悪質飼い主」問題が深刻になっているともいわれる。

ちなみに、犬が病気にかかった時の手術、入院代などにも簡単に触れておこう。たとえば、メス犬によくみられる子宮蓄膿症という病気がある。子宮に膿がたまり、放置すると死に至ることもあるために、子宮摘出手術をしなくてはいけない。

その手術代が、1泊2日の入院費も込みで、安い病院なら6～7万円ですむところもあるし、高いと20～30万円もあり得る。

で、その手術にかかる直接の「原価」となると、消耗品は麻酔薬にメス、縫い合わせるための針と糸。麻酔薬でも1回分1000円くらい、針と糸は手術用のもので、1セット1000円以下。メスも使い捨ての替え刃なら100円以下。麻酔の前に精神安定剤を注射で入れるとしても、薬と注射針でも1000円以下。

合計しても数千円ですんでしまう。

もっとも数多い避妊、去勢手術でも手術代は1～5万円くらい。また、特殊な部位の骨折や脱臼などを治す、高度な技術を必要とされる手術では、ときに手術代50～100万円なんて場合もある。「材料原価」から考えると、非常に利益率は高いようにもみえる。

しかし手術に耐えられる体質かをチェックするためには血液検査は欠かせないし、患部の状態を見るためのレントゲンやエコーの検査もある。

そうした器具を揃えるのに数百万はかかる上に、CTスキャン、MRIなども揃えるとなれば億単位の設備投資が必要になる。いわば、それだけ設備にカネを使っている動物病院は手術代も高い。


さて、ネコについてだが、一方では、生まれた子猫をタダで譲ってもらうのも多いのだが、また一方ではペットショップなどで高価な値段で取引されるものもある。

たとえば個性的な耳と丸っこい体、性格的には人懐っこくてのんびりしているのが特徴で、今、最も人気があるともいわれているスコティッシュフォールドなら、ホームセンターで買えば20~30万円、ネコ専門のペットショップなら40~50万円しても不思議ではない、ともいわれている。業界関係者によると、取引によってはブリーダー（生産者）とショップの間に卸業者が入って、値段が倍以上に上がったりするケースもあるとか。

仮に、ブリーダーが卸業者に1匹10万円で子猫の取引をして、それが卸業者から20万円でショップに行き、ショップでの値付けは40万円、なんてこともある。なんと、さらに間にもう1人卸業者が入って小売では80万円なんてケースも。介入者が増えれば増えるほど、値段は上がる。

そのため、「ウチはブリーダーと直接取引しているので、安いですよ」というのを売り物にしているようなショップもある。

さて、ブリーダー側だが、果たしてどれほどの利益があがるのか？

ネコの場合、メスは子供を1歳くらいから7～8歳くらいまで産める。妊娠期間は2カ月程度なので、合わせて20～30回産めそうな計算になるが、そんなことをしたら、まさに「動物虐待」。せいぜい10回以下。1回に産むのは2～3匹から多くて5～6匹。

それでも1匹5～10万円で売れたら、20～50万円くらいになる。

必要経費としては、1カ月にかかる親猫のエサ代はせいぜい1匹2000～3000円。ワクチン代や、ペルシャ猫などの「長毛類」は、毛が絡まないようにトリマーに定期的に毛を切ってもらったりするが、その代金として1回数千円。生まれた子猫は親の乳で育つので、エサ代もかからない。手間はともかく、経費は親猫1匹につき、数千円。

それでボロ儲けを夢見て、オス1～2匹、メス数匹とかで始めてしまうブリーダーも少なくないのだが、行き詰って崩壊する例が後を絶たないとか。

最大の原因は過当競争。タダでも譲ってもらえるのに、何十万も払って買うとしたら、買い手は高いクオリティを求める。ところが、ブリーダー側には、とにかくたくさん産ませてカネにしようとする人たちが群がっている。だから売れ残ってしまう。結局、愛情を持って育てているブリーダーだけが残る。

効率と「ビジネス」だけを考えたら失敗する世界なのだ。

第六章 ヌく

『原価』

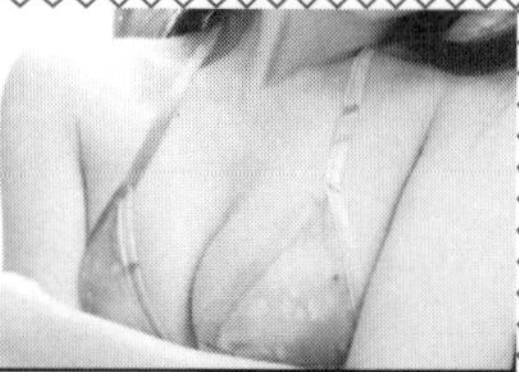

AV女優

事務所側ばかりが悪役にされがちだが、実はギリギリで「トバす」タチの悪い女のコも！

バブル期に比べてギャラも半減しているといわれるAV女優だが、それでも「単体女優」といわれるトップクラスならば、1本200万円以上もいるとか。ただし、出演作品は月に1本が基本だ。特定のメーカーと専属契約を結んで、契約期間は他社のAVには出られない。それが「企画単体」、いわゆる「キカタン」と呼ばれる、専属契約を結ばないけど、そこそこ人気があるクラスになると1本40～50万円としても月10本出れば単体女優の倍稼げる。さらに下の、無名の「企画女優」クラスは、カラミが1回で1本10～15万円くらいが普通だ。

さて、そのギャラがどう分けられるかを、1本200万円のスター単体女優を例に見ていこう。平均的に、彼女本人には、ギャラの半額、つまり100万円程度が渡される。で、かつては、その残り半分を、所属事務所と、彼女をスカウトしたスカウトマンが折半するケースが多かった。

スカウトマンは、キャッチセールスや風俗スカウトも兼ねている人間がほとんどで、ＡＶで行けそうだと思った女性をプロダクションに連れてくる。それで企画女優クラスならその場でスカウト料10万円とか取って終わりだが、単体クラスになると、1本ごとにマージンを取る。その相場がだいたいギャラの4分の1とか。２００万円のコならスカウトマンは50万円だ。

もっとも近年では、路上のスカウトは規制も厳しく、以前ほど盛んではない。

それよりも、芸能プロダクションやモデル事務所に所属はしているものの、ほとんど声がかからないコや、地下アイドルとして活動しているコなど、すでに何らかの「芸能活動」をしているコを口説く比率が高くなっている、とも。

では事務所側はどれだけ経費がかかるのか？　女性が出演を承諾すると、まずＡＶメーカーに送る宣材写真を撮る。メイクとカメラマンの代金として少なくとも3～5万円はかかる。地方出身のコなど、自宅から通えないコならワンルーム程度の部屋も用意しないといけない。これが月に5～10万はかかるが、女性は常時入れ替わるので、使い回しができる。もっとも部屋まで用意するのはせいぜい「単体」か「キカタン」クラスまで。あとはパーティー用のドレスを買ってあげたり食事をおごるなどで月に数万。

これで彼女が月1本ずつ仕事をこなしてくれればボロい商売のように思えるが、そう簡単なものではない。

かりにスカウトマンが１００人に声かけて、足を止めるのが1人。事務所まで来てくれるのがその1割。さらに本当に仕事まで行くのが、そのまた1割。しかもいざ撮影となった時のドタキャン、いわゆる「トバす」コも少なくないのだ。その際は、事務所が百万円単位のペナルティを払わされるからヒヤヒヤモノだ。

そこで、何度も本人を呼んで出演の意志を確かめ、「このコなら大丈夫」と判断してはじめて、宣材をメーカーに回す事務所は少なくない。何回も呼ぶのは、本人がちゃんと時間を守り、挨拶もしっかり出来るタイプかも見極められるメリットもある。

とにかく、「単体女優」を1人つかめば事務所が大いに潤うのも確か。しかも、「単体」でキチンと仕事をこなしてくれるコを発掘すれば、家賃や電話代などの必要経費を肩代わりするくらいで、せいぜい月20～30万といったところ。「トバす」ようなコに当たると困りもので、ギャラを前借りしてそのまま逃げられるケースもままあるとか。

ギャラを半分取られるのはイヤ、と女性の中には、事務所に所属しない「フリー」もいることはいる。ただ、よほどしっかりしていないと、スケジュール管理ができずにダブルブッキングしてしまったり、目先のカネ欲しさに安い仕事に飛びついたりして、トラブルも多く、なかなか続かない。

では、「単体」「キカタン」「企画」のクラス分けは、どんな基準でされるのか？

結論を先にいえば、基準は別にない。

最初に事務所で社長なり担当者が彼女と面接をした時に、事務所側が直感で決めている。「このコは単体でも売れる」とか「このコはせいぜい企画止まり」とか。単純なルックスの良しあしよりも、そのコの持っているオーラやパワー、「目の輝き」などで決めたりもする。

美容整形のレベルが上がっている時代なので、「美少女」「美魔女」や「巨乳」は人為的にも作れるのだ。事務所側が百万円単位のカネをかけて商品価値のあるAV女優に「改造」するのは、別に珍しい話ではない。

ただそれだけのカネをかけて「改造」する価値があるかどうかの判定は非常に難しい。それで写真などを持ってAVメーカーに売り込みに行くわけだが、そこでメーカー側の意向でクラスが変わったりすることもある。たとえば「企画」のつもりで持っていったコを見て、「このコなら単体でもイケるよ。6本専属契約しよう」となったり。

「6本専属契約」は、6本分は「単体」としての出演が確約されているわけで、1本200万円なら1200万円のギャラが保証されるのだから大きい。

はじめは「企画」や「キカタン」として出演していたコに人気が出て、「単体」にランクアップすることもある。ただ、普通は「単体」としてデビューしたコも、新鮮味がなくなるとともに「キカタン」や「企画」にランクダウンしていく。とともに、内容もだいたいは次第に過激になっていく。

「単体」よりも「キカタン」の方が細かく稼げる、として、クオリティが高くても最初から「キカタン」で始めるコもいれば、「単体」クラスで活動して周囲にバレるのを嫌い、わざと「企画」で目立たないように出ているコもいる。

アダルトビデオ

無料動画の氾濫で苦境！　なんと利益は「総集編」で捻出していた！

ネットの発達で、大きな打撃を受けた業界のひとつがAV業界だ。違法コピーや無料動画の氾濫で、DVDの売り上げはもちろん、レンタル市場も縮小の一途。さらに一時期「AV出演強要問題」が騒ぎになったのもあって、業界内の自主規制も強くなり、客離れが続いた。

おかげで、最盛期は全国に3000店はあったとされるAVのセル店も今は3分の1以下。こんな状況で、果たしてAVメーカーは利益をあげられるのか？

某メーカーの関係者によれば、「制作費と売り上げはほぼトントン」だとか。

AVには、名のあるトップ女優、つまり「単体女優」が出演する「単体」作品と、さほど名の知られていない「企画女優」達が何人も登場する「企画」作品、またそこそこ有名だがギャラはお手軽な

「企画単体（キカタン）女優」が出る作品とに分類できる。

女優に払うギャラについては前の項で触れたので省略するが、とにかく「単体」を使うような、そこそこ制作費の高い作品は減少傾向にあり、「企画女優」や「キカタン」を使って、女優のギャラは総額でも50～60万などといったものが増えている。

監督に10～20万円くらい。カメラマンや照明マン、ヘアメイク、スチールカメラマンなど、スタッフ費は最低20～30万円かかる。男優はトップクラスでも3～5万円だ。

スタジオ費は1日10万円はかかるので、ラブホテルでゲリラ的に撮って2万円くらいですませたりする。編集は監督にやってもらうために編集費は監督料に含まれる。

しかし、それにパッケージのデザイン費、印刷代、ＤＶＤのプレス代で40～50万、モザイク加工費も10万円近くかかるし、コンテンツ審査センターの審査代にも５万円かかる。

結局、安い「企画」作品でも制作費トータル１５０～２００万はかかってしまう。作品はネット配信、レンタル店、セル店に流すのだが、その売り上げも、なんと１５０～２００万円くらい。

利益なしでやっていけるのか、と考えてしまうが、実は、利益は「総集編」で確保してる、とか。

つまり、１回撮った映像を再編集して作るだけなので、かかる費用は編集費、プレス代、印刷代など70～80万円で、現場制作費がかからない。それで、「お得感」もあって、売り上げは通常の作品よりかえって多かったりするらしい。

コロナ禍では、数カ月、撮影が出来ない時期も続き、ＡＶメーカーも苦難の時だ。

デリヘル

進んでいるデリヘルの多様化とフランチャイズ化！

かつては「30歳超えたらババア」といわれていたデリヘル業界もすっかり様変わりしている。今では「人妻」「熟女」が売り物の店も増え、高齢化社会の影響もあって、70歳オーバーまでいて、けっこう需要もあるらしい。まさに「生涯一デリヘル嬢」状態になっているわけだ。

カワいいコが売りの店だけでなく、デブ専、ブス専、女性客相手に男を派遣する、などの特殊な店も多く、脚フェチ専門、アナル舐め専門などもあり、客の趣味趣向の多様化に合わせ、店のコンセプトも様々に広がっている。

で、その料金体系はといえば、細かい追加オプションは別として、だいたい60分で1万6000円から2万円くらいが普通。それを女性6割、店4割くらいで分ける。で、仮に在籍のコが20人前後で、常時5～6人が待機しているくらいの規模の店だと、平均的な月の売り上げは300～400万円といったあたりか。つまり、そのうちの200万円前後は女性の取り分になる。

店の経費として、まず欠かせないのは家賃。本来、電話を受ける受付所とデリヘル嬢の待機所は別室にしなくてはいけない規定があるが、そうなると最低、2部屋が必要になる。家賃も、どんなに安くても10万円はかかる。

電話番のバイトも雇わなくては店は回らない。1人に夕方から夜の12時まで張り付いてもらって日給1万円払うとしても30日で30万円。

さらに重要なのが店の宣伝費なのだ。女性向けの求人募集と客への広告を両方やらなければならない。昔は雑誌、新聞など、メディアごとに払っていたのが、最近はネットを含めて、広告代理店にグロスで払っている店がほとんど。これが安くても月30万円はかかるとか。

あと、光熱費、ローションや大人のオモチャをはじめ、細々した雑費もかかる。1店舗だけの経営では、なかなか十分な利益があがらない。

そこで近年、増加しているのがコンビニにも似たフランチャイズシステムの店だ。広告も一括で請け負い、店舗立ち上げや求人サイトの作り方のノーハウも伝授してくれる。チェーン内の、注文の少ない店から多い店に女性を回せるメリットもある。

ちなみに、デリヘルの中には「本番」を売りにして客を集めている店がある、との話もあるが、業界関係者いわく、「もしあるとしても、目先のカネのためというより、女のコが馴染の客をつなぎとめるため、というケースの方が多いんじゃないかな」とのこと。

店舗型ファッションヘルス

シロート新人組も人妻リターン組も入り混じって、百花繚乱!?

コロナ禍もあって、飲食業界のデリバリー化のスピードは速いが、その前からデリバリー化が進行していたのが風俗業界だ。たとえば店舗型ファッションヘルスは、ビルの建替えで別の店舗に移転したくても、東京などでは、役所から入居の認可が下りない。結局、元の店舗で続けるか、廃業か、デリヘル化するか、別の地域に移るかしか選択肢はないのだ。

それでも店舗型を続けていこうとすれば、なんといっても大きな負担は家賃だ。仮に都内で10部屋のヘルスを回そうとすると、１部屋３坪足らずの広さでも月に20～30万、廊下や控室などを含めて全体で３００万円近くがかかる。

人件費も、６～７人の従業員がいるとすれば２００～３００万円必要。広告費も、主にネットだが、客向けと女性の募集の両方がいるので、少なくとも１００～２００万円はかける。10部屋ともなれば、登録する女性が60～70人くらいいないと回せないため、女性募集が特に力が入る。もっとも業界関係者によれば、デリヘルに比べて、外に出ないために周囲にバレる危険が少ないし、出勤時間も決まってる、寒い冬場でも、ずっと室内にいられるのと、客とのトラブルがあっても簡単に人を呼べて安全なので、働く女のコはずっと集めやすいらしい。

他に店側が負担する経費は水道光熱費やタオル、ローションをはじめとした備品や消耗品。それで１００～２００万円かかるとして、開店の際の内装費の減価償却を考えると、ざっと月にかかる経費は１０００万円あまり。それで30％近い利益をのせようとすると店舗側には１３００万円前後の収入が必要になってくる。

で、ここで大切なのが、女性側の取り分だ。もし料金が60分1万５０００円としたら、その50～60％が女性側。つまりトータルでのべ客数１７００～２０００人、２５００～３０００万円くらいの売り上げがあって、はじめて店舗側にそこそこの利益が出る計算だ。もちろんコロナショックの影響は甚大。２０２０年の5月ころは、たとえ開店してても売り上げは前の年の1～2割。ようやく年末には半分以上に回復したが、２０２１年に入ってもコロナ前ほどは戻らなかったという。

ただ一方で、「コロナ不況」のために女性の募集はやりやすくなっているとか。就活に行き詰った女子大生とかズブのシロートも増えているが、それ以上なのがリターン組。10年前にやっていて、その後、主婦におさまってたコが、おカネに困って舞い戻って来た、など、いわば新人とベテランが入り乱れているわけだ。「不況で風俗に走る女性が増える」とは、まさに絵に描いたような図式だ。

ストリップ劇場

ストリップポラロイドの売り上げはぜんぶ劇場側に!?

時代の変化に伴って衰退しているもののひとつにストリップがある。戦後すぐに生まれ、かつて全国に約４００軒はあるといわれたストリップ劇場も、今は20軒以下ともいわれ、さらにコロナの追い打ちで苦境にあえぐところも多い。

では、いったい劇場は、どんな収支決算で経営されているのか?

まず支出の方からいうと、東京都内の小屋でも、家賃は60～１００万円くらい。音響、照明などのスタッフは１人か、せいぜい助手も入れて２人で日給３万円くらいとして月１００万前後。通常、小屋は月30日、休みなしなのだ。

そして踊り子のギャラだ。バブル期には人気ＡＶ女優を呼んで１日何十万ものギャラを出したりもあったようだが、今は１人３～５万円くらい。かつてのようにステージ上で本番やるような過激な出し物はほとんどなくなって、せいぜいダンスとオナニーショーくらいになっている劇場も多い。警察の手入れを受けて営業停止になったりしたら、もう劇場も続けていく体力がないのだ。

出演する踊り子を4～5人とすれば、1日の支出は18～20万円くらい。月ならば500～600万円。ちなみに踊り子達は、月の前半、中盤、後半と10日単位で入れ替わり、踊り子は、1日4～5回、1回20分くらいのステージをこなしていく。日給5万で月に20日稼働したら月収100万の計算だが、衣装代もダンスのレッスン代、劇場の移動費も自前。

ダンスで使う音楽の著作権は劇場払いで、設備費の減価償却なども合わせて月50～100万前後。ざっとトータル月1000万円あれば、劇場の必要経費はまかなえるだろう。

一方の収入だが、チケットを5000円と設定すれば、月に2000人、1日観客60～70人で採算がとれるはずだが、それに届かず、苦しんでいる劇場も少なくない。

頼みの綱がストリップポラロイド、いわゆる「ストポラ」。今はチェキを使うのが一般的だが、1枚500円くらいで、原価はせいぜい50円程度。客は、お目当ての踊り子とならば3枚でも4枚でも撮ってくれるため、それだけで1日10万円以上の水揚げはあがる。で、なぜかストポラの売り上げは全部劇場に入るのが慣例になっている。踊り子も、また呼んでもらいたいので、クレームはつけない。

客は、1つの劇場に通い詰める常連客のほかに、1人の踊り子につく「追っかけ」もいるが、やはりどちらもベテランばかりで、なかなか新規の客が増えない悩みはある。

「昭和の遺物」ともいえるストリップ業界、さて生き残りの妙案は生まれるか？

オナクラ

客にも女のコにもハードルが低い風俗入門編だが、オプションで過激に！

コロナ禍で客と女性との濃厚接触が難しくなり、風俗業界も厳しい時期がしばらく続いたという。だが、その中で元気だったのが「オナクラ」だ。

「オナクラ」は、もともと「オナニークラブ」の略称で、カワイイ女のコが、オナニーする男の客の様子を見てあげる、ごくごくマニアックなところだった。今は、主に女のコの手コキによって気持ちよく射精できる、ソフトタイプの風俗サービスとして定着している。

何よりまず接触の度合いが低いからコロナの心配も少ない。それで値段も安いし、サービスも過激ではないので、カワイイ女のコも集まりやすい。だから、風俗初心者も来やすい。

その料金は、20～30分で3000～5000円と、ヘルスに比べて時間も短く、だいぶ安い。

女性も、基本は店のユニフォームか私服。ただ様々なオプションがついて、手コキ以外のサービスも受けられる。たとえば、服の上の胸タッチなら2000円、下着姿で3000円、ゴムフェラや全裸で5000円、とか。最近は、女性が客の乳首をナメるサービスが人気で、これでだいたい2000円前後だとか。結局、オプションが積み重なっていくと、ほぼ本番以外すべてOKのヘルスと、あまり変わらなくなってしまう。

基本料金の取り分は女性が折半から6割くらいのケースが多く、オプションについては、折半するところから、全額を女性が受け取る店もあり、さまざま。

ビルの中で店を開く店舗型のオナクラなら、だいたい客単価2500〜3500円くらいが店の取り分になる。ヘルスに比べれば、水道光熱費やタオル代などは3分の2くらいに抑えられるが、カワイイコを集めなくてはいけないので募集の広告費はヘルスの倍かかったりするらしい。

だからこそ、部屋ごとの回転率をヘルスの倍近くにして、1日最低でも1部屋10〜15回転、10部屋あれば店の取り分25〜40万円でようやく20〜30％の利益率を確保できるとか。

一方、デリバリー型になると、時間も60分単位などが多く、料金も8000〜1万5000円が中心価格帯で、限りなくデリヘルに近づいている。

もっともコロナでバイト先がなくなった女子大生、派遣切りに合ったフリーターなど、「ヘルスやソープはイヤだけど、オナクラくらいなら」という層もけっこういるのだ。

需要も供給もあって、ここしばらくオナクラは元気な状態が続きそうだ。

ソープランド

急増する「激安店」。だが、なぜか「高級店」に通う太い客も健在！

「薄利多売」の業界が増えている中で、大衆店ならソープも60分コースで入浴料5000円、女性へのサービス料1万円のトータル1万5000円で、ほぼヘルス並み。

しかし、90～120分コースで入浴料2万円以上、サービス料4万円以上の高級店もまだまだ存在するし、中級店といわれる店なら、だいたい入浴料1万～1万5000円で、サービス料が2万～2万5000円くらいか。

この中級店クラスを基準に、ソープ経営に必要な「原価」を見て行こう。

最近は、オーナー自らが経営する店はあまりなくて、元は従業員として働いていたのが、土地建物を借りて開業というケースが多い、とは業界に詳しい消息通。

店が3階建てで、1階に客の待合室や女性の控室と事務所、2階3階に4部屋ずつのプレイルームがあるくらいで、東京・吉原なら家賃は月150〜200万円くらい。スタート時には、まず保証金として家賃10カ月分程度を家主に払うのが普通だ。

収入については、基本的に入浴料は店、サービス料は女性にいく。店としたら入浴料1万として、月に1000人、売り上げ1000万円はほしいところ。

一方、支出では、従業員も5〜6人雇い、支配人も置くとなれば、やはり月に200〜300万円はかかる。最低限のサービスを提供するには、このくらいの人員は必要なのだ。

水道代は50〜100万円くらい。なぜかコース時間も短く、回転率の高い大衆店のほうが水はたくさん使うらしい。光熱費も30万円は下らない。

タオル、おしぼりのほか、ボディーソープ、ローション、マット、ベッド、スケベ椅子など、ソープには備品、消耗品を含めて数多くのアイテムがあり、これはもうカネをかけようとすれば上限はない。一応、中級店クラスでも、これらの業者支払いは月100〜150万円くらいかかる。一部を女性に負担してもらう契約の店も中にはあるらしい。

客向け、女性募集用の広告費も月100万円前後はかけるが、昨今は劇的にネット掲載の割合が増え、客向けに30〜80万円、募集用に10〜30万円くらいはかける。

客や女性の送迎用にも車を買うか、リースで揃えるか。内装費も、高級店なら1部屋数百万円、中級でも数十万円はかかり、毎月減価償却していかなくてはいけない。

月に200~300万円の利益が上がれば上々だが、そこまでいってない店が多いらしい。

さて、ここでお決まりのコロナの影響だが、これはもう、被害甚大だ。

特に大きな波をかぶったのが、実は高級店ではなく、中級店や大衆店だったらしい。ソープ界の「名門」といわれる吉原でも、百数十軒あるといわれる店のうち、約4分の1が潰れて、その多くが中級・大衆クラスだったようだ。

推測するに、1回8万なり10万円払っても平気な「太い」客はソープ嬢も店もガッチリ離さないのに対して、3~4万円くらいで遊ぼう、などといった客の足が最も遠のいた結果なのだろう。そのため、失職した店のボーイの多くは、宅急便や、出前業界に流れていったともいわれている。

ただし、さすがに吉原。潰れた店も、ほぼまた新たな借主が出て、営業は続いているようだ。まだまだ吉原ブランドは根強く、そこでソープの経営者になる夢を持っている業界関係者も少なくない。

で、増えていっているのが、大衆店をさらに安くしたような「激安店」。朝6時からの早朝割引なら、50分でトータル1万円、マットはなしだが、それで希望があればいくところまでいきますよ、といった店が結構出てきている。

かといって、激安店ばかりが激増したわけではない。せいぜい全体の3分の1くらい。大衆店の多くが激安店化し、今は、「高級店」「中級店」「激安店」といった形で、いわば三すくみ状態にあるようだ。

第七章 趣味、愛好する『原価』

腕時計

時間を見るならスマホの時代、腕時計は「嗜好品」「装飾品」としての比重が強まる！

数年前、販売価格が1億円を超えるといわれる高級腕時計が話題となった。著名な青年実業家のようなVIPが愛用し、テニスの有名選手が試合中にはめて、その軽さと高性能をアピールしたことなどで騒がれた。

たかが腕時計に1億円かよ！　と呆れるのはカネを持たない一般庶民の哀しさ。大金持ちになると、それでもまだまだ安いとばかりにプレミアがつき、さらに取引価格は上昇したとか。

では、そんな超高級時計の製造原価はどれくらいだったのだろう？

時計業界に詳しい関係者によれば、通常の腕時計なら、だいたい原価率は20～30％くらい、とのこと。だが、1億円クラスになると、どうもそう簡単には予測がつかなかったらしい。

まず素材そのものが、常に独自のものを開発して使用しているからだ。

たとえば「ケース」、つまり時計の外側の部分についても、カーボンTPTをはじめ、宇宙ロケットやF1マシンなどに使われるような最先端の素材で「より軽く、より堅く、究極の機能性を持つ」商品に仕上げている。

だからこそ、原価がわかりにくい。

装飾として金や宝石、プラチナなどを使って価格を上げている部分については、その市場価格から類推できる。

金なら市場価格でだいたい1グラムが6000～7000円、プラチナなら4000～5000円くらい。もっとも、加工はプラチナの方が難しいため、腕時計に利用する場合、プラチナの方が割高になる。宝石も種類によって相場がある。だが、「宇宙用素材」となると、なかなかわからない。

中のムーブメントの部分にトゥールビヨンと呼ばれる特殊なものを搭載したり、ケース部分に、真っ先に人工サファイアであるサファイアクリスタルを使ったり、時代に先駆けたチャレンジもする。

ただ、素材の原価にあくまで絞っていけば、外装全体でもおそらく500万円以下、内部の機器もたぶん500万円以下ですむはず、ともいわれている。

ストラップ部分はシリコン風の一見カジュアルな素材で、せいぜい数万円。

としたら、材料原価については、1000万円以下となる。

とはいえ、最先端マシンの導入に加え、熟練した職人が何十日もかけてようやくケース1個分できるくらい手間がかかる上に、新素材の開発に何年もかけたりもする。

すべて限定生産で、せいぜいワンモデル数十個単位でしか作らない。職人の中には、年間でも数個しか作らない、なんて人もいるらしい。それでいて、月収100~200万円はざら、というのだからどれだけ人件費が高いかはわかる。

ケースを削るための切削用マシンにしても、大きく、しかも0．01ミリ単位の正確さを求められるため、数千万円かかるとも。

当然、高級感を維持するためにかける宣伝費をはじめとする「ブランド費」もかかる。数量限定のために、製品ひとつについて多くの利益を乗せなければ採算がとれない、との事情もあるだろう。

さすがに最近では、販売価格1億円超えの商品よりも、やや「お手軽な」4000~5000万円クラスのが人気ともいわれるが、それでも十分に高い。

だいたい「腕時計」と言うものの始まりが、いわば貴族の装飾品なのだ。最初は、腰に付けられる様な形で、懐中時計より一回り小さいモノが、装飾品として登場した。

やがて時代は進んで、一方では装飾品として、もう一方では、より素早く正確な時間を知るための軍事的な目的のために腕時計は発展してきた。

だから高級腕時計は、実用品というより陶磁器や絵画と同じ「嗜好品」なのだ。

この傾向は、1960年代、水晶振動子を使って時計を動かすクォーツ時計が普及してから、さらに強くなった。

クォーツ時計も、誕生直後は価格が1個40万円以上で、乗用車より高い、なんて言われていた時期があったものの、世界中のメーカーがクォーツ市場に参入した途端に低価格化が進行。最近では100円ショップにも出回るくらいまでになっている。

そして70年代、クォーツの浸透とともにスイスをはじめとした欧米の時計メーカーは「クォーツショック」と呼ばれるくらいに大打撃を受け、壊滅の危機に瀕してしまった。

何しろ、クォーツ時計は、それまでのゼンマイばねを使った機械式時計と比べて、時刻の誤差も少ないのだから、時計の機能の部分だけ見れば、安いうえに正確なクォーツ時計の方がずっと優秀なことになってしまう。

打開策として欧米時計メーカーが取った方向が「高級化」だった。

いわば、貴族の装飾品としての原点に戻るわけだ。とともに、クォーツショックの揺り戻しとして、機械式の腕時計の、古き良き時代を感じさせるクラシックな感覚が見直されるムーブメントも起こった。

日本でもクォーツ時計ではなく、機械式の愛好家は多いとされているものの、人気の価格帯は4～5万円くらいのものか。デザインには凝っていても、オートメ化され、万単位で生産するとなると、とても高級時計とは比較できない。

今や、時間を見るなら時計よりスマホの時代。腕時計に求められるものは、これからは機能性よりも、より嗜好性になっていくのかもしれない。

和太鼓

「くり抜き」と「張り合わせ」ではまったく値段が違う!

和太鼓といえば、歌舞伎や長唄などのお囃子に使う「締太鼓」から、子供をあやすための「でんでん太鼓」に至るまで様々な形態はあるものの、やはり誰もがイメージするのがお祭りや盆踊りに登場する長胴太鼓、別名「宮太鼓」だろう。

この宮太鼓、大きく分けて2通りの作り方があって、そのどちらかによって、極端に価格が違ってくる。

いわば「本格的」ともいえるのは、「胴」の部分、木の中をそのままくり抜いて、皮を張る工法。使われる木材の中で最もいいとされているのがケヤキだ。ケヤキにはキレイな木目が出る。しかも音も重量感が出て長持ちする。とはいえ、直径で少なくとも1~2尺(30~60センチ)はある丸太をピックアップしないといけない上に、木は乾いていないと使えない。水分を含んだ木は時がたって乾燥していくと縮んでいく。乾燥しきった状態にならないと加工はできないのだ。そのためには、乾燥させきるのに3年から5年はかかる。その間にせっかく買ったのに、割れて使えなくなる木もある。とにかく。効率はむちゃくちゃ悪いのだ。

皮は牛皮。ふやけさせた皮を太鼓の形に整えて乾燥させて使う。乾燥した皮は、もう1度打つ方の面だけふやかし、ジャッキなどで本張りする。

それに、張った皮が緩まないように胴に打ち付ける「鋲」。普通の鋲とは違い、頭の部分が傘状に広がっている。見た目の美しさとともに、しっかりと皮を押さえつける効果もあるのだ。

太鼓を持つために取り付けられる取っ手にあたる「カン」もある。宮太鼓なら、1台につき2個付いている。太鼓の大きさに合わせてカンの大きさも変わり、直径2尺（約60センチ）以上のものだと4つ付く場合もある。なぜか西日本と東日本では、このカンの取り付け位置が違い、西日本は180度反対側に2つとりつけるのに、東日本は120度の開きで取り付けるとか。

標準的な直径1尺5寸（約45センチくらい）の太鼓で、この「くりぬき工法」を使ったものなら、100〜150万円くらいはする。木材の代金だけでも20〜30万で、それを何年も置いておく倉庫も必要になる。皮は5〜10万円で入手できるとして、原価数千円ですみそうな「鋲」はともかく、真鍮製の「カン」は10〜20万円くらいかかる。

それに職人の手間賃も加わるのだから、やむを得ない小売価格だ。音程をうまく調節するためには、職人たちは、100分の1ミリ単位で、微妙に木や皮を擦っていったりもするのだから。鋲を打つにしても、皮を伸ばしていって、伸びきったところで行うのだが、それに何カ月もかかったりする。
4尺の太鼓などという時は、もはや小売価格で1000万円以上は覚悟しなくてはいけない。そもそもくり抜き方式で使える、そんなに太い木はめったにない。

太鼓屋は、通常、銘木屋などから材料を仕入れて、加工して、それをユーザーに売る。いわゆる卸問屋などはない。木材についても、太鼓屋が自分の持っている倉庫で数年寝かせるのが普通だ。

一方、エコノミーな宮太鼓となると、同じ大きさで価格もせいぜい10~15万円。胴に使うのもクリの木などの安いもので、ちょうど風呂桶のように、板を張り合わせて作っていく。これだと木材代も1~2万円ですみ、皮やカンなどの素材もあわせて3~4万くらいで抑えれば、十分に利益は出る。中国をはじめとした海外産の比率も高い。

だいたい、太鼓そのものがルーツをたどれば中国大陸の方から渡って来たとの説が有力と考えられており、太鼓作りのノーハウは持っているというか、いわば向こうの方が本家だったりするのだ。とはいえ、それはくり抜き方式で作られる太鼓の話。太鼓そのものはすでに縄文時代には存在していたといわれる。その利用法は、楽器で使われていたのではなく、主に情報伝達の方法として活用されていたらしい。隣りの集落に何かを伝えたりする時、太鼓を叩いてその音で知らせていたようだ。

なお専門家でなければ、「くり抜き工法」か「風呂桶工法」かは、なかなか音では判別がつかないとか。ただ木目については、くり抜きでなくてはうまくつながっていかないし、風呂桶方式では、ワックスをかけたりしてツルツルにしてしまうことが多い。

つまり木目があれば「くり抜き」ともいえる。

一般人に音の違いがわからないのに、なぜ高級な「くり抜き」にもそこそこの需要があるのかといえば、さすがに神社やお寺に置かれている太鼓の多くは、「くり抜き」が選ばれるからだ。

本来、これらは町内会や檀家、その地域にある会社などの寄付で購入したモノが大多数。「信仰心」というか「ありがたみ」の問題もあって、そこをエコノミー感覚で安く済ませるというのは多くの人が抵抗があるからだろう。

一方、町の和太鼓教室とかは張り合わせがほとんど。盆踊りなどで使う町内会の太鼓は張り合わせがメイン。

かつて、学校や公民館などに普通に和太鼓がおいてあり、子供たちも叩ける環境があった。地域には「お囃子の会」や「お神楽の会」などがあり、そこで生まれれば、子供の時から自然に笛や太鼓に馴染む環境があり、伝統として大人から子供へとバトンタッチされてきた。

だが、今は少子化の影響もあって子供自体も少なく、和太鼓教室にでも通わないと、なかなか太鼓と接する機会もない。

そのかわり、神輿をかつぐ愛好会などが増えているのと同様、大人の「和太鼓サークル」はけっこう盛り上がっているらしい。

和太鼓の世界も「伝統」から「趣味」にシフトしているのかもしれない。

手ぬぐい

お祭り需要激減で、いきなり大ピンチに！　しかし新たな需要も！

コロナウイルスは、数多くの業界に深刻な影響を及ぼしているが、中には「こんなところまで？」と意外なところも影響を受けている。「手ぬぐい業界」だ。昔は、手ぬぐいといったら、たとえば商店がお正月に配ったりする贈答用が多かった。しかし、最近、一番多いのはお祭りでの需要。コロナでお祭りが中止になり、まとめてキャンセル。これは頭が痛い。

お祭りに手ぬぐいのハチマキはつきものだけに、その厳しい状況はよくわかる。ならば、マスク代わりに手ぬぐいを顔にまく需要を増やせばいい、との声もあったものの、それでお祭り分の需要減の穴埋めは簡単にはできない。

さて、その手ぬぐいだが、贈答用にも使える価格８００～１０００円くらいのレベルのものを基準に、材料原価などがどれほどかかっているかをみていこう。

まず生地。もちろん綿100％。手ぬぐいの世界では1反はほぼ長さ10メートルくらいであり、これで10本前後がとれる。糸の目の太さなどによって値段は変わるが1反400～500円くらい。

染物工場は、まず生地を仕入れて、柄に合わせて染めていく。一応、染料でいうと、ピンクやオレンジなどの色を出すのによく使う反応染料がキロ1万円前後、赤やえんじ色などで使うことが多いナフトル染料がキロ4000～5000円。やや割安の硫化染料でキロ3000～4000円。白く残したいところに置いて染まらないようにする「のり」は30キロで5000～6000円。

通常、1度に30～40枚くらい重ねて染めていくのだが、1反分の染料、のり代は合わせて300～500円くらい。それに模様に合わせた型紙代などもあるが、1度作れば数年は使えるのでせいぜい1反にすれば数十円分。

これに職人の人件費、設備費、水道光熱費に利益分を加えて、染物工場は1反2000～3000円で、問屋に卸す。呉服店などの小売店に直接行くこともあるが、問屋を経由することも多い。そこから1反5000～6000円で小売に渡り、店頭では1本800～1000円となる。

最近は、その柄の美しさや素材感の心地よさが見直されて、1000円を超える高級な手ぬぐいも個人のプレゼント用などで喜ばれているとか。

生活に潤いを与える装飾アイテムでもある手ぬぐい。まだまだ需要は幅広い。

モデルガン

モデルガンはエアガンとは別モノ。「型」をゼロから作ろうとすれば半端なくカネがかかる！

通常、モデルガンと言えば拳銃タイプがイメージされるが、いわゆるライフルタイプの「長物」も人気が高い。また、しばしばモデルガンとエアガンが混同されたりもするが、エアガンは、外見だけ本物に似せて内部構造はある程度省略し、実際にBB弾と呼ばれる弾が出るのに対し、モデルガンは、内部も極力本物に似せるものの、弾は出ない。

価格でいうと、本来なら価格が10万円以上する拳銃タイプが、中国製で2～3万、という格安モノも、けっこう出回っている。

では、長物タイプのモデルガンのほうは、どれくらいの価格で売られているかといえば、これもバラバラ。1本15～20万円もあれば10万円以下もある。ボディにも、高いものなら亜鉛合金やアルミ合金が使われるところが、安いとプラスチック製だったりする。

では、1本15万円前後の商品は、材料原価にどれくらいかけるかといえば、ほぼ3割前後とか。たとえばひとつのモデルをワンロットで100〜150本くらい作れば、材料費は400〜700万円くらい。それに必要経費、さらに利益も乗せて小売価格の70%程度で卸問屋に流す。

しかしそこには、モデルガンにとって最も大切な、ある経費が抜けている。「型」だ。

ボディにせよ部品にせよ、まず「型」があって、それに溶けた亜鉛合金を流し込むなどして作られている。ではなぜ、その「型」の制作費が入っていないかといえば、メーカーの多くが、もともと「型」のある製品を使い回しているからだ。なにしろ本気で「型」を作ろうとしたら、設計から制作まで合わせて、すぐに1000〜2000万円かかる。とにかく綿密に作るので手間がハンパではない。

レシーバーという、銃の発射機構を収めるボディ部分の「型」だけでも、いいものを作ろうとしたら、たちまち200〜300万円はかかってしまうとか。

バブル期には、本物をチェックするために、ヨーロッパまで、型作りの職人やメーカーの担当者などのスタッフが見学に行き、「型」を作るのに5000〜6000万円かけたりもあったらしい。

昔ほどではないが、カタいユーザーがいるため、作って売り出せば返品はあまりない。旧日本軍の銃ばかり集めている人、50年代のアメリカ軍の銃が大好きな人など、マニアックでディープなユーザーが多いのもモデルガン市場の特徴だ。

もちろん、「武器」ではない。究極の「大人の玩具」として愛されているのだ。

錦鯉

カネより、生み出す歓び、と「美学」を追求するマニアック・ワールド！

「私たちの業界は、原価がゼロっていえばゼロなんです」

いきなりそんな話をしてくれたのは、ある錦鯉の生産業者だ。毎年、1匹の親から何十万匹もの卵が生まれ、育っていく。業者はその中で、大きくなったらいい鯉になる可能性のあるものを何度か選別して、より大きく育てていく。だから「原価そのものはゼロ」だという。

もちろん現実はそんなアマいものではない。たとえば合わせて2000～3000坪くらいの土地に、稚魚から成魚までに分けて池を作ろうとすれば、それだけで数千万円の設備費がかかる。

人口の池を作り、水を供給し、安定した状態に保つためには、その規模の養鯉場でモーターを動かしたりで、電気代も、月最低40～50万円は必要。冬場になればビニールハウスにあげて育てるが、暖房用の灯油代に月100万円近くかかったりもする。水は水道水を使うとしたら、月数十万円は必要。エサ代も、1日で20キロ1万円くらいのものを、稚魚や生魚あわせて40キロくらいは食べる。

　汚水処理の機器も備えておかないといけないし、病気を防ぐ薬代、当然、従業員を雇っていれば、その人件費もかかる。

　たとえ自前の土地でも、年間2000～3000万円の売り上げがないと利益は出ない。

　で、育てるとなると、これがけっこう手間がかかるのだ。仮に最初、70～80万匹生まれたとして、まず生後40～50日くらいで10分の1くらいに選別され、さらに2週間後に3分の1、そのまた2週間後に10分の1と選ばれ、どうにか数千円で売り物になる鯉でも、数百匹。5～10万円の値がつくものだと多くて数十匹。だが、品評会で優勝して、1匹数百万から千万単位になるものも出る可能性はある。しばらくコロナ禍で取引が止まっていたが、かつて、外国の業者に1匹億単位で売れた例もある。

　もっとも生産業者にとっては、おカネの満足以上に、より自分の美意識に合ったものを作り、それを同好の士に買ってもらうことに幸せを感じる傾向が強いのだ。

　価値の基準は大きさ、見た目や体型の美しさなどだが、Aの生産者からしか買わない人、Bの生産者からしか買わない人など、生産者と買い主の「美学」が一致しているケースが多いこと、また、平凡な模様の親からも、美しい模様の子供が生まれることがあるのも鯉の世界の特徴だ。

　水温管理やエサの配合をはじめ、高度な飼育技術が必要なものながら、いい鯉が生まれるかどうか最後は「運」というのも、またなかなかロマンチックな業界ではないか。

掛け軸

なぜ、今、人気爆発のあの若冲には「ニセモノ」が少ないのか？

値段があってないようなものといえば、やはり骨董品。中でも、これしかない、というのが建前の1品もの、たとえば肉筆画の「掛け軸」などは、数千万円から億単位のものもあれば、ほぼタダ、10～20万円かけて表具をつけたら、その代金はムダ、ということもある。

仕入れにしても、旧家の蔵で眠ってるものを、邪魔だからとタダで骨董商が引き取ったら何百万円の価値があった、などはときたまあるわけで、やはり「宝さがし」の世界。取引の現場に関しても、もちろん売り手と買い手との直接取引も多いのだが、いわゆる一般ユーザーも加わるオークションや、古物商などのプロしか出入りしないセリ市場に出品されるケースもある。

あくまで噂だが、オークションは「本物」比率が高く、セリ市場は相当「ニセモノ」の割合が高いとも。「鑑定人」といわれている人たちも、大多数は自ら骨董品店を開いている店主だ。

ただ、一説によれば、業者が儲けるのは「本物」よりも「ニセモノ」だともいわれる。たとえば仕入れ価格200万円の「本物」を仕入れてオークションで売っても250万円の値が付くときもあれば150万円と原価割れしてしまうときもある。一方、仕入れ値5000円のニセモノが、直接取引で100万円で売れてしまうこともある。

今、掛け軸の世界で特に注目されて人気なのが伊藤若冲。肉筆画が多いためと、ニセモノが少ないのが特徴らしい。しかしなぜニセモノが少ないのか？

だいたい江戸期の画家のニセモノは、今描いてるわけではなく、、当時描いたものが出回っているのが普通。だからその頃主流だった狩野派などはニセモノが多い。若冲の場合、生前はさほど人気がなくて、わざわざニセモノを描く人がほぼいなかったといわれる。

浮世絵などと同様、実は若冲を「発見」したのは外国人だったらしい。有名な「若冲マニア」のコレクターがアメリカにいて、主要な絵の多くは、その人が買い取ってしまう。まだ若冲が無名の時期ならば、手に入りやすいが、人気が出てくると、欲しくても、そのコレクターを通して買うしかなくなる。値段はどんどん跳ね上がる仕組みだ。

その点で、横山大観など、近現代の画家の絵は、さほどの値段のハネ上がりは起こらない。外国人コレクターがそれほどいないからだ。総合的にいって、日本の掛け軸市場は、外国人の需要に左右される傾向が強く、コロナ禍の中では、いささか冷え込み気味ともいわれている。

カードゲーム

すでに数百億単位の巨大市場。そして新たな脅威は100均業界の参入！

古典的なカードゲームといえば、すぐ浮かぶのはトランプだが、雑誌などの付録に付くような原価数十円以下のものから、紙質も印刷もゴージャスな数千円、万単位するものなど千差万別だ。

日本古来の「かるた」にしても同様だが、仮に、１００枚のカードが入っていて、小売値が１５００～２００００円くらいのものとすれば、製造原価はだいたい５００～６００円か。紙代、印刷代で１枚４～５円、それにケース代が１００円前後。同じ商品でも、何万個も量産すると、紙と印刷代が１枚につき１円以上は安くなり、小売価格も１０００～１５００円くらいに下がる。

メーカーは５００円を８００円にして問屋に売り、問屋はさらに３００円乗せて小売店に卸す、といったような形で流通していくのだ。

しかし、今、カードゲームというと、やはり漫画などのキャラクターを使い、自分の手持ちのカードと相手のカードで勝敗を決めるトレーディングカードゲームがイメージしやすい。

これが実にうまくできているのだ。たとえば価格３００円のパックの中にカードが6～8枚とか入っているが、強いカード、特殊な能力のカードはバラバラに入っていて、余ったカードを仲間と交換し合ったりしながらも、何十パック、何百パックと買わないと、理想的なメンバーが揃わない。だからユーザーはどんどん買う。

カードそのものの製造原価はせいぜい1パック20円以内。それにキャラクターのロイヤリティを含めても40～50円くらい。メーカーの卸価格が１５０円としたら、１００円以上の利益が出る。それで大手になると、総売り上げは百億単位になるとか。

つい最近、その業界に新たな勢力が参入し、脅威となっだ。１００均のチェーンが、定価１００円で独自にトレーディングカードゲームを売り始めたのだ。何しろ、自分たちが強力な販売網を持っているし、ロットもデカい。どんなゲームが売れるかの情報もたっぷりと持っている。ターゲットになるユーザー層もピッタリはまるものを製造原価50～60円で作れば、十分に利益は確保できるわけだ。

何十万単位のパックを売る商品がある一方で、ターゲットを極端に絞った、たとえば地下アイドルをキャラクターに使ったかるた、といったような商品も出ている。小売価格も５０００円以上とか高額なことが多いが、それはそれで、安定した売れ行きだったりもするらしい。

つまりメジャーとマイナーが入り乱れた世界と言っていい。

神輿（みこし）

カネに糸目をつけなければ、いくらでも高額に。かつて10億円の神輿が寄贈されたことも！

コロナ禍のため、2021年も夏祭り、秋祭りを中止するところが少なくなかった。

さて、その「お祭り」といえば必ず連想されるのが神輿。一体、いくらくらいの価格で材料原価はどれくらいなのかを見ていきたい。業界関係者によれば、価格は標準となるのが、台座、神輿の底の部分の寸法が2尺3寸、つまり70センチくらいの大人神輿だが、これで一流と呼ばれる店に頼めば1200万円以上。安くしたければ、その半値でも手に入るが、材料や職人のレベル落ちは覚悟しないといけない。

仮にその一流ものを注文するとなると、木材は銘木屋から選りすぐった銘木のケヤキやヒノキなどを使うのに対し、安いものだとヒバなどにすれば、木材費は5分の1以下に抑えられる。

漆についても、高いものなら、当然、本漆だが、安ければ人工漆になる。飾りについても、どこまで材料にカネをかけるかは注文主次第。

だいたい売値1200万円なら、木材と飾りがそれぞれ最低40～50万円、うるし代や化粧綱代などもろもろ入れて材料代は200万円前後といったくらいか。

問題は人件費だ。実に数多くの職人が制作に携わる。ざっとあげて、木彫を彫る彫職人、漆を塗る塗り師、飾り物を付ける飾り師、金箔を貼る貼り師、彫刻に色を塗る彩色師、鋳物師もいれば、化粧綱の職人、装飾用の網掛けを作る職人など、数多くの人の手がかかっている。

しかも一流店の神輿なら、職人1人1人が県や市町村などの無形文化財保持者だったりもする。それに漆塗りだけでも1度乾かしつつ5回6回とやって2カ月くらいかける。全体でも工程完了まで4～5カ月はかける。

最後に組み立てて仕上げる神輿師がいて、それがそのまま小売商を兼ねていたりするが、職人たちへの手間賃などで500～600万円くらいはかかる。となれば、だいたい利益率は3～4割程度。神輿師が全体の統括プロデューサーともいえる。

一方で1台400～500万円くらいで作られる安価な神輿の場合、材料費はもとより、職人の手間賃は極力抑えられている。なんとその方法のひとつとして、一部では刑務所での制作もあるのだとか。懲役労働のひとつとして、受刑者に仕事を分担してやらせているらしいのだ。神輿のテッペンを飾る鳳凰を作るなど、専門性の高いものは難しいとしても、木を切ったり、飾り物を取り付けたり、ある程度、訓練を積んでいけば、一流の職人のようにはできないにしても、それなりの形にはなる。一般人が見ても、正直、区別はつかない。ゼロとまではいわないが、圧倒的に人件費は安くなる。安さを求める需要もそこそこあるらしい。

神輿は町内会や会社の社長などが買って神社に寄贈するケースが主流だが、実は神輿の代金だけ負担すればいいわけではない。神社側はそれだけ送られても困る。保管する「神輿庫」が必要なのだ。程よい湿気を保てる漆喰の壁を使った和づくりの神輿庫なら千万円単位かかったりする。

要するに2000~3000万円は覚悟しないと。

驚くべきことに、かつて、東京の、ある神社に価格10億円とも噂された神輿が寄贈された例もある。まずその大きさが規格外。台座の幅5尺は、標準の大人神輿の2倍以上。幅が広がれば、高さもなくてはバランスが取れない。テッペンまで合わせると5メートル以上。重さもなんと4.5トン。鳳凰の目が左右それぞれ6カラットのダイヤ、トサカは赤いルビーをちりばめ、屋根は18金の豪華版だ。ただ、あまりに大きくて重すぎたためにとても祭りのたびに担いで回るのは厳しく、ずっと境内に展示されただけになってしまったとか。

第八章

乗る、移動する『原価』

中古車

日本に在住の外国人バイヤーが支える「薄利多売」業種！

車といえば、かつて主たる購買層だったのが若者たちだが、今は買うどころか、免許を取る比率も減少傾向だという。仮に車に乗るとしても、利用するのがカーシェアリング。とりあえず、みんな、買うのはもちろん、維持するおカネを持っていないのだ。これは新車市場も中古車市場も変わらない。

そのかわりに増えているのが外国人だ。大きな中古車のオークション会場に行くと、バイヤーの半分以上が外国の人だったり。

全国には約30カ所のオークション会場があり、たとえば横浜・大黒ふ頭の会場などでは、買った中古車をそのまま船に積み、自分の国まで運ぶとか。国籍的には、韓国や中国、欧米のバイヤーはあまり見かけず、中東やインド、スリランカなどの南アジアの人たちが目につくらしい。この人たちの多くは、日本在住で主に自分の出身国と取引をしていて、コロナで外国人の入国が制限されても、大きな影響はなかったようだ。海外へ行けば、走行距離が多くても、少々外装が古くなっても、まだまだ「日本車」はウケるのだ。

その中古車買い取りだが、かつては、所有者が買い取り店に持ち込んで査定をしてもらうケースが多かったが、今はネットの車査定サイトで買い取りまで完了してしまったりする。

買い取り価格帯で最も多いのが20～50万円くらい。業者は、それに2割程度の利益を上乗せして、数千円の名義変更料だけは払った上で、オークションや自社販売で売ろうとする。でも、現実には2割は難しい。オークションで30万円で売れる車を、なかなか25万では買えない。車を手放す人も少なくなって、買い取り相場も上がっているのだ。

一応、プロのバイヤーが相手のオークションより、一般の人が対象の自社販売の方が高めには売れるようだ。

近年の人気だったのが、人も荷物も沢山乗せられ、外国でも喜ばれるワゴンタイプ。人気の車種なら中古でも100～300万円くらいで取引されたりする。利益2割として、50万円のセダンを60万円で売るより、300万円のワゴンを360万円で売るほうが利幅が大きいかと思いきや、販売業者によれば、50万の車も300万の車も、どっちも利益10万だけ乗せて売ったりは、よくあるらしい。

業者にとって大事なのは回転率。手間をかけずにスピーディーに右から左に売れるのが望ましく、在庫が増えると、それだけ倉庫代などの負担がかかる。つまり、この業界も、どんどん「薄利多売」になっているのだ。

タイヤ

ディーラーの進出、アジア製超低価格商品来襲など、荒波の連続！

車のタイヤ販売の業界でも、ネット販売が飛躍的にシェアを伸ばしている。

何より価格が安いケースが多いのだ。たとえば乗用車のタイヤとしてごく一般的なクラスだと、街の販売店ならばメーカーから1本1万～1万5000円程度で仕入れて、それに30％くらいの利益を乗せ、さらに取り付け代金をプラスして4本でトータル6～9万円くらい。

ところが業界関係者によると、同じ仕入れ価格1万円の商品でも、ネット業者は店舗を持たず、大量に仕入れ、5％以内の利益率で売りさばいたりする。つまり街の販売店で1万3000円のものが、ネットでは1万円そこそこだったりする。これじゃ販売店は勝てない。

やむなく販売店の多くは、ユーザーがネットで買ったタイヤの取り付けを請け負い、その料金を受け取る仕事の比重を増やしつつあるといわれる。

取り付け代金は1台4本全部で、1万〜1万5000円くらい。かかる経費は、まず人件費。1台1時間に1人が動くとして3000〜4000円。それにホイールに取り付けるゴムバルブと元のタイヤの廃棄料で合わせて1000円くらい。さらにチェンジャー、コンプレッサー、リフトなど、取り付け用の使用機器は合わせて500〜600万円。10年で3000〜5000台扱うとして、減価償却は1台ごとに1000〜2000円程度か。どうにか半分くらいは利益として残る。

一方、ネット販売がまだほとんど入り込んでいないのがトラック用タイヤだ。顧客がほとんど運送会社などの法人なのが特徴。たとえば10トン級のトラックなら、使うタイヤは1台10本から12本。販売店は1本3万円前後で仕入れたものなら、取り付け代金込みで、3万7000円前後で売る。こちらの需要があるからこそ、販売店もやっていける、ともいわれている。

厳しい状況に追い込まれている街のタイヤ販売店。かつては大型チェーン店の出店攻勢が脅威だったが、今はさらなる脅威がある。車の販売がやや伸び悩んでいるのもあって、かつて車を売るだけだったメーカー系のディーラーがタイヤの取り付け販売にまで乗りだして来ているのだ。

さらなる追い打ちが、中国、韓国、インドネシアなどアジアからの超低価格タイヤの流入だ。ネット上では、1本5000円程度の商品も数多く出回っているし、超低価格商品を専門に扱う販売店も出てきている。

街のタイヤ販売店は、まさに次々と襲い来る荒波に耐えている状態なのだ。

路線バス

コロナ以降、バス停でも、混んでいると乗らない人も……。ようやく、復調の兆しが！

コロナショック以降、路線バス、特に混雑することの多い首都圏のバスが軒並み乗客数が減ったらしい。中には、停留所で待っていても、来たバスの車内が混んでいると、あえて乗らずに歩いてしまう人もいたとか。まさに「三密を避ける」わけだ。

では、たとえば東京首都圏の路線バスは、どのくらいの予算規模で運営されているのか？

一応、平均的にみて、１路線の１日の売り上げは10～30万円くらい。たとえばひとつの営業所が15路線をカバーしてるとなれば、全体で１５０～４５０万円といったあたりか。

となれば、稼働するバスは予備も含めて30～40台くらい。

かかる経費はといえば、オイル交換、エンジンブレーキ、バッテリーの点検などの車のメンテナンスで売り上げの10%前後。車検は年1回だが、メンテナンスは毎月行われる。それに燃料である軽油代も10%くらい。

あとは運転手やスタッフなどの人件費と車の減価償却がメインになるわけだが、15路線くらいの規模なら、全体で150〜200人くらいで、人件費が売り上げの半分以上は占める。バスはだいたい1台2500〜3000万円くらいを15〜20年くらいは使う。つまり1年間での買い替えはせいぜい2〜3台。そして引退したバスも、地方のバス会社などに買値の1割とかで売る。地方なら首都圏と違って1日に5本とか10本しか走らない路線も多いし、まだあと10年くらいは働ける。しかも、わざわざそういうバスに乗りに行くバスマニアも少なくない。

全体で売り上げの10%くらいの利益が出れば上々なのだが、コロナ禍以降、売り上げが20〜30%減になっている路線も少なくない。自転車移動とテレワークの影響か。

もっとも、まったく減らない層もある。お年寄りだ。シルバーカードや無料パスがあるし、あえて自転車移動に切り替える人もあまりいない。

一方で、路線バスに限らず、若者のバス利用は減るばかり。大学キャンパスと最寄り駅を結ぶスクールバスは、大学が閉めているために止まったままだったし、Jリーグでも、駅とサッカー場を結ぶシャトルバスはずっと走っていない。駅やホテルとディズニーランドなどを結ぶバスも、かつての混雑はとても望めない。

ようやくコロナも一段落して、路線バスにも復調の兆しはあるというが。

はしご車

車体部分以上に経費がかかる「架装」部分。地方では活躍の機会も少なく！

災害時に現場で活躍する人たちといえば自衛隊と並んで、すぐに浮かぶのが消防隊。彼らが所属する消防署には、いくつもの特殊車両があるのはよく知られるところだ。ポンプ車や化学車、救急車などいろいろだが、はしご車もその中のひとつ。

最初に価格をいっておけば、はしご15メートルクラスで1台5000〜7000万円以上、40メートルクラスになると2億円前後になるという。ポンプ車が1500〜2000万円程度なのに比べて、相当高い。車の中に、ある特別な目的のために機械や設備を取り付けるのを「架装」というのだが、はしご車の場合、はしごや、それを操縦する機器なども必要なので、この架装費用が高くつくのだ。

車の構造を見れば、2つの部分に分かれる。まずはトラックの車体部分。トラックの本体で運転部分や車輪も含まれる。もう1つが架装部分。はしご車でいえば搭載されるはしご部分もここに入る。

実は、車体部分はトラックメーカーが作るのだが、架装部分については、それを専門にやっている架装業者に製作を依頼するのだ。業者は消防車以外にも、バキュームカーやゴミ回収車などの架装部分も手掛けている。

仮にはしごが15メートルクラスとして、メーカーは車体部分に1000万円前後をかけ、架装業者に1000〜2000万円くらいで架装を発注する。業者は材料費に500万円以内、人件費に500万円前後をかけて完成させる。

これを、国や地方自治体などと取引のある入札業者がディーラーを通して仕入れて、最後は入札によって納入する業者や価格も決まる。

だから、入札業者が3000〜3500万円で仕入れたはしご車が7000万円で売れたりもあり得る。しかし、書類上の手続きも煩雑だし、入札時にはライバル業者もいるので、注文をとるのも一苦労。

ただ、都市部ではともかく、地方の消防署では、はしご車が出動する機会はめったになくて、活動するのは避難訓練の時だけ、なんてのも珍しくない。逆に都市部のタワーマンションの火事などでは、はしご程度じゃ届かない。それでも各地の消防署には必ず常備されていて、しかも10年から20年に1度は切り替えで新車の注文は来る。入札業者にとっては、旨みのあるオイシイ取引には違いない。

しかも取引先が国や自治体なら、不払いの心配もなく、安心この上ないのだ。

吊り革

電車の車内だけではない。インテリアや介護用品としての新たな需要が!

電車やバスをはじめ、交通機関には必需品なのが吊り革。

さてこの吊り革、様々な形状や素材のものがあるが、もっとも一般的なのが、ステンレスのパイプに、ビニールでコーティングされたナイロン製ベルトを巻き付けてつり下げ、丸い、プラスチックのリングをとりつけたものだ。リング部分は三角型のものをはじめとして、いろいろ出てはいるものの、基本構造はパイプとベルト、ベルトとリングを金具でつないだものが主流だ。

電車やバスなどは、吊り革メーカーから商品を仕入れて車メーカーや電車の車両を作るメーカーが取りつけるのが普通だ。

製造段階でかかるのはまずナイロンベルト。長さ50メートル巻きの幅25ミリのもので価格は

4000～5000円程度。吊り革1個で、折り返しも含めて1メートルくらい使うとなれば、これで80～100円くらいか。コーティングする塩化ビニールも100円以下で、リングに使うプラスチックも100円から200円。止める金具も20～30円くらいか。

つまり材料原価は300～400円くらいのもので、これに人件費や利益などが加算されて、800～1000円程度で車両メーカーなどに納品されるのが普通だ。

また一方で、コロナ禍では、不特定多数の人が触れるものとして、電車に乗っても、あえて吊り革に触れない乗客も少なくなかった。触れるにしても、わざわざ除菌ティッシュで消毒した上で、という人もいたくらい。電車やバスの会社側でも、対策はとっている。たとえばウイルスや細菌を抑制、抗菌させる溶剤を吊り革はじめ、乗客が触れやすい場所に噴霧してコーティング加工したり。1回の施工で4～5年くらいは効果が続くともいわれている。

近年、様々なところで、この吊り革の需要が高まっている。たとえば高齢化にともなって、高齢者が乗ることの多い福祉車両や介護車両、それにタクシーなどでも吊り革を使っているものは多いし、ベッドから起き上がる際に使うといった、個人向けの介護用品としても広がりを見せているとか。さらに一部には、部屋のインテリアとして使ったり、わざわざ鉄道各社やバス会社の吊り革を集める「吊り革コレクター」といった存在もいるらしい。

そのため、ネット通販でも「吊り革」というジャンルはあり、ベルトが革製のものや、リング部分がハート型のものなど、いろいろなタイプが出ている。

タクシー

コロナ以後のタクシー業界を支えているのは「太い客」と高齢者!?

どの業界でも、時代の流れに沿って料金体系も変えていくのは当然だが、中でも最近、劇的に変わったのがタクシー業界だ。東京では、初乗り2キロ730円だったのが、約1キロ410円に。近くに行くお年寄りなどが気楽に乗りやすくなった、とも言われる反面、長距離を乗るとかえって値上げになる、と批判する向きもあった。

タクシー料金のうちの運転手の取り分は、最低でも半分。条件がいいところは6割。残りを会社が受け取り、ガソリン、車庫代、車や通信機器などの減価償却費、保険代、事務所の人件費などを引いた営業利益が売り上げの10%あれば健全経営。

しかし、事故や車の故障をはじめ、稼働が落ちるハプニングはタクシー業界にはつきもので、純利益が5％くらい出ればまずまずともいわれている。

普通、車1台につき、運転手は2．3〜2．5人くらいつき、朝から夜までの「日勤」と、朝から次の日の朝までの「通し」でローテーションを組み、動かしていた。

で、たとえば「通し」を月に12回やって、1回につき売り上げが5万、月通して60万円いけば平均には達しているといえる。タクシー運転手側としては、理想的には固定給も付けてほしいところだが、ない会社も多い。会社としては、固定給をつけると、運転手はそれをあてにして働かなくなる、と考えているのかも。

それどころか、中には、あらかじめ「1人当たり月40万円」などと最低売り上げを設定して、会社の取り分を前もって徴収してしまう会社まであるとか。

さて、そんなタクシー業界の状況をいきなり激変させたのがコロナショックだ。

もともと東京のタクシー業界では、コロナ前に、特に顕著だったのが、セダンではなく、ワゴンタクシーの需要の増加で、その要因は外国人観光客の急増だった。たとえば中東や中国あたりの富裕層が家族連れで日本に来るとする。その場合、持ち運ぶ荷物も多く、大きいワゴンの方が便利なのだ。セダンなら1台買うと200万円くらい。それがワゴンになると600万円くらいになるのだが、そこまで投資をしても回収率を考えて、タクシー会社の多くがワゴンの比率をあげていたのだとか。

運転手にしても、1日貸し切りで10万円、なんてケースもあり、オイシい客ではあり、最低限の英会話、中国語会話などの勉強を始めた人も多い。

オリンピックもあり、ますます需要が望める、とタクシー業界も期待しているさなかにコロナウイルスがやってきたのだ。

外国人観光客は、当然、いなくなる。

リモートワーク中心となって、外に出歩く人も減ってしまった。ことに夜の繁華街はタクシーにとっても稼ぎ場だったのに、まず酒を飲んで終電逃してタクシーで、なんて客は皆無になってしまったのは大きい。多くのタクシー会社は、「通し」の24時間勤務のシフトをなくして、日勤ばかりに変えていった。東京では、平均してタクシー運転手の収入はコロナ以前の約3分の2に落ちたともいわれている。

ところが、そんな中でも、ほとんど収入を落とさなかった運転手たちもいるらしい。それは、いわば「太客」といわれる、おカネを持った常連客をおさえている人たち。定期的に利用して、しかも移動距離も長い客をガッチリつかめば、かえって電車移動などを避ける客の「足代わり」として使ってもらえるのだ。

さらに、高齢者層の需要も増えた。病院や、コロナのワクチン接種会場に行くのに電車では感染が怖い。歩いていくには体がつらい。そういった人たちがタクシーを利用するために、昼の売り上げは意外に好調だとも。

とはいえ、長距離客が狙えるのはやはり深夜。繁華街が正常に戻ってこそ、タクシー業界も活気が戻ってくる。

第九章

意外と知らないこんな『原価』

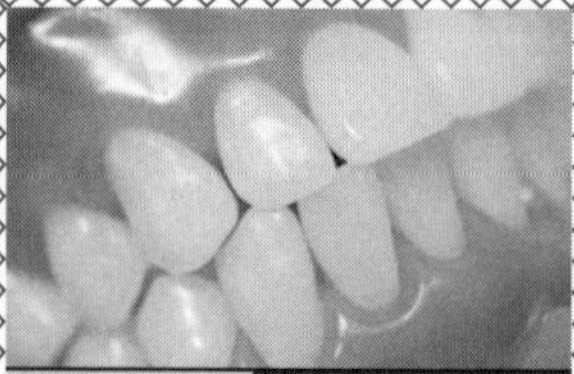

入れ歯

トータルで千万単位もある高価な買い物。そして深刻な人手不足。

人生で最も高い買い物となれば、たぶん住宅だろうが、それに負けないくらい高い買い物というと「歯」だろう。

インプラントなら、1本でだいたい40万円くらい。上下まとめてすべての歯をインプラントにしよう、となったら千万円単位かかりかねない。

さらに、顎の骨の量が少ない場合などで、頬骨にインプラントを埋め込む特殊な方法もあるが、こちらも治療費がトータル1000万円超えもあるらしい。

さて、インプラントよりなじみ深いものというと「入れ歯」だ。

入れ歯と一言でいっても、まず健康保険の適用内か適用外かでまったく費用は違ってくる。総入れ歯の場合でも、保険の適用内なら、患者は1割負担で7000円ほど、3割負担なら2万円強くらいなので、価格そのものは7万円程度。一方、自由診療となると百万単位も珍しくない。

そもそも素材自体が、前者は土台部分も人工歯部分もプラスチックなのに対し、後者は土台にシリコン素材やチタンなどの金属、歯はセラミックや、場合によってはプラチナ、ゴールドといったように、より高価なモノを使っている。カネに糸目をつけない、という感じか。

そこで、まず価格的にさほど大きな変動のない「保険適用の総入れ歯」についてみていこう。

段取りとしては、まず歯科医師が、入れ歯の入る患者のアゴの「型取り」をする。次に上下のアゴがうまく咬み合うかの「咬み合わせ」を調べて入れ歯を作り、微調整を加えた上で完成となる。入れ歯を作るのは、歯科技工士だ。

価格の約3分の1、つまり2万～2万5000円くらいが、材料費と技工士の技術料。土台も歯もプラスチックだと材料は4000～5000円以内だが、とにかく作り上げるまでの手間がかかる。1日1～2個作れるかどうかの重労働なのだ。

価格の残り3分の2は歯科医院側に入る。「型取り」の材料である「印象材」もせいぜい1000円以下、もちろん利益率は高いかと思いきや、歯科医師たちは、とんでもない、と否定する。型取りや咬み合わせや、とにかく段取りが多くて時間もかかる。スタッフの多いところなら、若い先生に任せて経費を抑えたりもするとしても、保険内での入れ歯は ちょっと手間をかければ即赤字。出来るならば、みんな自由診療にしてほしい、と思っているところが多いとか。

あげく、入れ歯治療はまったくやめて、もっと割のいいインプラント専門になっている歯科医院も増えているらしい。

さらに危機的なのが技工士不足。仕事がきつい割には収入が少なく、やめていく人も多い上に、最近も伝統ある技工士の専門学校が閉校するなど、若い人たちの間でも、なり手がどんどん減ってきている。

結局、海外、ことに中国などに型を送って、入れ歯を作ってもらう。それを送ってもらって日本で調整を加えて患者に提供するやり方が増えているらしい。しかも、日本では入れ歯は医療品で技工士しか作れない決まりなのだが、中国製は雑貨扱いで、案外簡単に作れるとか。

保険適用の「大衆品」に対して、「高級品」はどれくらいのおカネをとり、どれくらいの材料費と手間がかかるのだろうか？　少なくとも上で５００万円以上、下で５００万円以上の値をつけた「高級総入れ歯」があるという。

だが、材料費にとびきり高いものを使っているわけではないとか。たとえプラチナやゴールドだとしても、せいぜい入れ歯に使用するとなると原材料費としては10～20万円くらい。

しかも比重が重いために、入れ歯の重量そのものが重くなってしまう。チタンの場合は強度があまりなく、こちらは分厚く作らないといけない。

素材としては、使いやすさから、プラスチックよりもちょっと価格が高いくらいの合金・コバルトクロムを選んだりもありうる。

では、なぜせいぜい数十万円の素材のものが上下1000万まで行くのか？　ある歯科医師ははからずも、こう言った。

「銀座の高級クラブママが、手作りのゴルフクラブを作って、客に売るようなもの」

まず、カネを出してくれる「顧客」をつかまなくてはいけない。その上で、顧客を十分に満足させられるだけの技術とサービスを提供できなくてはいけない。

たとえば入れ歯の高さを調節する「咬み合わせ」をチェックするとして、保険の治療なら、マニュアル通りの通り一遍ですませる。

だが、高級入れ歯の場合、歯科医は、患者の体型、体質、性格などすべてを計算し、どうすれば本人が気持ちよく、しかもより正確なデータが出せるかを考える。治療する椅子の高さまで考慮する。

しかも患者は、忙しい人が多い。短い時間でより完成度の高い仕上げが求められる。時間も正確でなくてはならない。患者がリラックスした状態で治療を受けられるような配慮もできていないといけない。

結局、「口コミ」なのだ。「あの先生はいい」という噂。それも、一般庶民というより、政治家、有名芸能人、事業家など、おカネを持っている人たちの信用を勝ち得るか？

最初は上下で100万円が、信用が積み重なれば、さほど素材は変わらなくても1000万円にもなっていく。

「信用」に数百万円の値段がつくのだ。

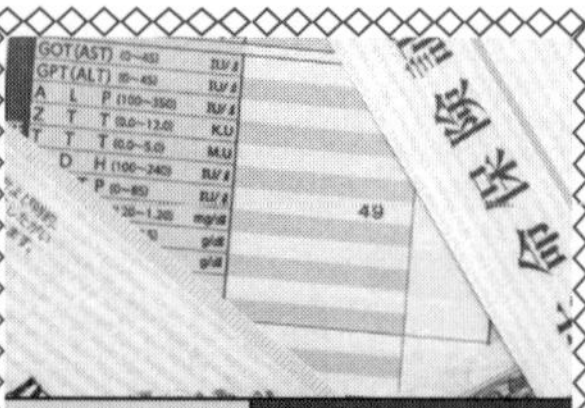

生命保険

「死んだ時」よりも「生き続けた時」のための保険が急伸中！

家、子供の教育費に続き、人生で3番目に高い買い物といわれるのが生命保険。今から10年以上前、あるネット系生命保険会社が「保険の原価」を突然公表して話題を集めた。

それによると、契約者が支払う保険料は、将来の保険金支払いにあてる「純保険料」と、営業職員、外部の代理店の手数料、会社の運営費や利益にあてられる「付加保険料」に分けられるという。要するに、そのうちの「純保険料」が「原価」に当たるわけだ。

で、肝心の原価率は、営業職員を置かないネット系なら70～80％、つまり保険料のうち7～8割は「純保険料」として契約者に還元されるが、古くからの大手保険会社なら30～40％で、6～7割は「付加保険料」として会社側の運営経費になってしまうとか。ただ、それはあくまでも一面的な数字で、ネット系保険はきめ細かい商品メニューが揃ってない、ともいわれる。

では、「付加保険料」の中でも、最も比率が高い代理店手数料がどれくらいなのかを見ていこう。目安として、代理店が月1万円の保険料を払う客を開拓して、その人を保険会社に紹介して契約が成立した、というケースを想定してみる。一応、会社が代理店に払う手数料は、1年目はとても高い。掛け捨て保険なら月5000円以上、そうでなくても2000～3000円以上は支払われる。ネームバリューがなく、契約者を集めるのが難しい中小の保険会社では、ときに7000円以上になることもある。それが2年目以降になると1000円以下になるのだ。だから、代理店側も、なるべく掛け捨て商品を客に売りたがった。

実際、長年、保険会社の利益の柱になっていたのが掛け捨て保険料で、会社はそれを運用して資金を膨らませて来た。死亡保険などでも、1万円払って貯蓄部分は500円だけ、残りは掛け捨てで、期間中に死亡した場合だけは保険金がおりる、という契約も珍しくなかった。

しかし近年は様変わりしている。代理店の多くも、契約者ファーストで、なるべく使わなかったおカネが返ってくるタイプの商品を勧めているし、会社も付加保険料は引き下げる傾向にある。

ちなみに保険商品の中心はもちろん死亡保障のついた「定期保険」、「終身保険」、生きて満期を迎えたら死亡保険金と同額の保険金が手に入る「養老保険」などだが、近年、死亡保険以上に伸びが目覚ましいのが認知症保険など、介護が必要になった時にかかるおカネを保障する商品だ。

まさに高齢化・日本。「死んだ時」より「生きた時」のための保障が大事な時代なのだ。

業務用冷蔵庫

オリンピック需要を見越し、ワインクーラーの注文も増加した。ところが・・・。

レストランやラーメン屋などに常備されている業務用冷蔵庫。店におさめられる価格的には、120センチ×75センチで高さ180センチくらいの型で、だいたい60〜70万円くらいが標準的なところとされている。

では、いったいその製造原価がどれくらいかかるのか?

通常は、まず大手メーカーが店から注文を受け、それを下請けメーカーに流す。そこでは機械部分だけを作り、さらに外枠、つまりハコの部分はそれ専門のメーカーに流す。だから、製造原価については、ハコ作りから考えないといけない。

実は、最もおカネがかかるのはハコなのだ。前にあげた標準型を基本に考えていくと、まず外と中、天井まで全体を覆うステンレスで5〜6万円、その間にいれるウレタンも2万円前後、中につける棚が1枚3000〜4000円として8枚つければ3万円くらい。それにステンレスの足が4本つくとして1本1000円とすれば4000円前後。ネジなどの細かい部品を含めて、まず10〜15万円くらい。

それにステンレスの切断機などの減価償却分と人件費が必要経費としてプラスされて、利益分も合わせて、機械部分を作るメーカー、いわゆる「機械屋さん」に25〜30万円くらいでおさめる。50〜60万円くらいで大手メーカーからの仕事を受けていた「機械屋さん」は、ハコに10〜15万円くらいの機械を付けて、飲食店に納品する。

ただ、レストランなどの店での取り付けは溶接などの技術もいるし、平均して1人で2日くらいはかかるため、最低でも5万円くらいの人件費が必要になる。それでどこでも困っていたのが職人不足。特に、取り付けをしてくれる職人が足りない。

2020年のはじめは、オリンピック需要を見越して、単なる冷蔵庫ではなく、ホテルなどを中心にワインセラーの発注も多かったという。ハコの造りも、扉をガラス製にしたり、棚もオシャレなデザインにしたりで、価格もだいたい100万円以上。高級感を出すために200万円くらいするものもあった。外国から来る客の「おもてなし」に備えていたわけだ。

が、コロナ禍によって、オリンピックはもちろんインバウンド需要そのものが壊滅的な状態になってしまった。飲食店も、なかなか正常な営業ができるようにならなかった。

業務用冷蔵庫の需要も、今後のコロナ次第といえる。

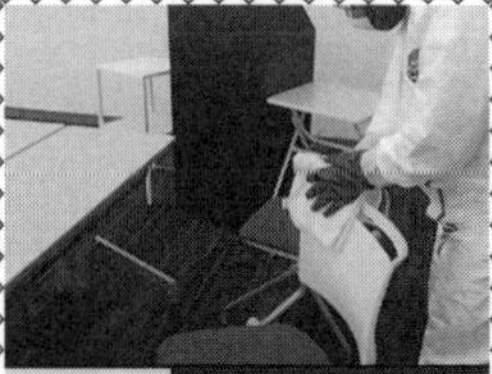

ハウス除菌

空前のコロナバブルで続々新規参入！　すぐに過当競争！

コロナ禍によって、大幅な売り上げ減に苦しんだ業界がある一方で、需要の急増で新規参入が相次いだところもある。

そのひとつがハウス除菌の業界だ。コロナ感染などを不安視する世の中の流れに合わせて、家庭やオフィスのウイルスや細菌を除去するビジネスが急激に膨張した。もともといたハウスクリーニング業者はもとより、引っ越し業者、家具などの出張買取業者など様々な人たちが入ってきた。引っ越しで呼ばれたついでに消毒の注文を取れば、宣伝費もほとんどかからない。

参入の要因は、やはり利益率の高さにあるという。仮に、料金は1平方メートルあたり500円としても、実は広さ100平方メートルの家とすれば、消毒する範囲は床だけでなく、壁や天井も合わせると200〜400平方メートル分にはなる。つまり消毒料金は10〜20万円。

その一方、必要経費は、まずは消毒液。アルコール水溶液ならば、そのくらいの広さでも５０００円分もあれば十分だし、次亜塩素酸水でも５０００～1万円以内でおさめられる。人件費として、交通費など込みで1人1万５０００円として、２人でいっても3万円。トータルで最大でも４～５万円くらい。半分以上が利益分なのだ。

スプレーをかけた上で、しっかりと消毒液をコーティングしていく方式ではなく、噴霧器で消毒液を撒く方式にしたら1人でも簡単にやれるので、人件費も削れる。1平方メートル２００～３００円にダンピングしても利益は出る計算だ。もっとも次亜塩素酸水でさえ、消毒の効き目は１～２カ月しかもたないが。

中にはチタンなどの物質を使ってコーティングする特殊な方法もあり、それならば何年も効果は持続する。ただし、こちらは消毒液の原価だけでもアルコールの10倍以上で、消毒料金も少なくとも１平方メートルで１５００円以上はとられる。

新規参入が多い理由としては、その手軽さもあった。床材や壁紙を張ったりする内装職人、壁塗りの左官職人などは、もちろん長年の経験によって培われた技術が求められる。だが、ハウス除菌は、さほどの経験を必要としないために、いわばシロードでも気楽にスタートできるのだ。ましてや噴霧式なら、スイッチを入れるだけ。

だが、予想されたように、過当競争。料金のダンピングも相当進んだものの、コロナへの恐怖がやや薄れていくとともに注文も減り、多くは手をひいたとも。要するに「コロナバブル」か。

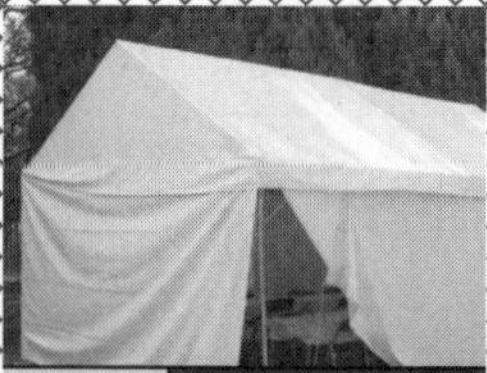

屋形テント

着実な収益が見込める自治体や学校などの必須アイテム！

世の中の多くの人はあまり気付いていないが、常に需要があり、隠れたロングセラーとして売れ続けている商品というものはある。

その中のひとつが「屋形テント」だ。

学校での運動会などの行事をはじめ、役所や警察、消防署などのイベント、町内のお祭りなどで組まれる、あのテントだ。年に2、3回とかしか外に出さないので目立たないが、どこの自治会や役所でも必ず何セットかは持っている。市場規模は予想外に大きい。

流通形態としては、まずテントメーカーが製品を作るのだが、数社ある大きな会社が、原材料をまとめて仕入れ、下請けに出して作らせるケースが多い。そして出来上がったテントを小売に卸す。小売店は、直接、使用者に売ることもあるが、学校や役所などの発注の場合、そこに出入りする事務機業者など、他業種の人間の注文を受けて売ることも多い。つまり、卸問屋的な役割も果たすわけだ。

標準の2間×3間（約3．6×5．4メートル＝広さ6坪）のテントとして、製造原価を見てみると、まず柱と骨組みの部分。スチール製で、さびないようにメッキがされているが、2万5000〜3万円くらいで作れる。で、上にかけるポリエステル製のテントや雨用の塩化ビニールで2〜3万円。だいたい合わせて5〜6万円くらいで出来あがる。

テントメーカーは、それを小売店に7〜8万円くらいで卸し、小売店が10〜15万円くらいで販売するのだが、事務機業者などが間に入れば、その分の利益が加算されて、最終的には15万円以上の値段で自治体や学校などが引き取る。

もっとも多くの場合、実際におカネを払うのは利用者とは別の人たちなのだ。

だいたいは寄付。地元のロータリークラブとかライオンズクラブとか。ピアノを寄付するには100万円とかかかるし、椅子や机も、学校で全部揃えるとなったら結構高い。ちょうど小売でも15万円から20万円くらいの屋形テントなら、価格的にお手頃なのだ。。会員1人から数千円ずつ出してもらうくらいですんでしまう。しかも目立ったところに名前も入れやすい。

納品先がお役所や町内会などなら、代金を踏み倒されたりする危険性もほぼない。しかも、デザインはほとんど何十年も変わらず、キャンプ用のテントのように流行に左右されることもない。

非常に堅実なビジネスといえるのだ。

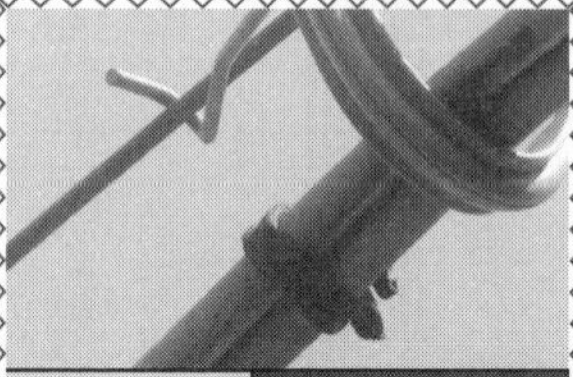

ケーブルしばり紐

目立たないけど使われまくり！　ただ「無電柱化」という大きな逆風が！

世の中には、普段はあまり気付かないが、実は非常に需要の多い商品はたくさんある。その中のひとつが「ケーブルしばり紐」だ。電柱で電線をつなぐ際、その電線が風などでたるまないようにしばるのをはじめ、電車の電線のたるみを防ぐために使ったり、用途は多岐にわたる。建築現場でも電線ひき込みなどの際には使うものだ。

日本全国に電柱は３６００万本以上あり、そこでしばり紐が使われているのだから、どれだけ巨大なマーケットかはわかるだろう。

建築現場などの一般需要もなくはないが、やはり比率的には電線関連のものがメイン。たとえば電力会社が工事会社に仕事を発注すると、工事会社は作業員のほか、電線、しばり紐などの材料も揃えて取り付け工事を行う。しばり紐の素材はビニロンが多い。合成繊維の一種なのだが、強度があり、年を経ても綿に比べて風化しにくく、ナイロンのように緩んだりせず、かえって縮んで、よりしばりの度合いが強くなる。そこがピッタリなのだ。

電気工事や通信工事で使うしばり紐の流通形態をみていくと、まず糸の状態にするのが繊維会社。繊維製品のみならず、高機能樹脂なども製造するような大手化学メーカーが大きなシェアを占めている。その糸を直接か、ないしは商社などを経由して「しばり紐メーカー」が買い、糸を紐に束ねていく。出来上がった紐を工事会社が購入する。

価格的にみると、仮に工事会社が購入する段階で1メートルあたり10～15円前後のもので、しばり紐メーカーが糸を買うとしたら3～5円くらい。それに加工賃や利益が加わっていく。もっとも実際には200メートル巻きで2000～3000円、といったように取引されるが。

あくまで電力会社や通信会社は工事全体の代金を払うだけなのだが、発注元が巨大企業で需要が安定しているため、長くしばり紐は堅実なビジネス環境の中にあった。

ところが近年は大きく状況が変わった。無電柱化の波の広がりだ。街並みの美しさを保つだけでなく、歩道の道幅が広がること、災害時に救急救命活動、消火活動の妨げにならないことなどで、地下に電線を敷設する地域が増えている。となれば、しばり紐がいらなくなる。

ただしばり紐自体は、庭にある木材や管を束ねたり、庭木や日よけを固定したりなど、日用品としての利用は拡大していきそうだ。

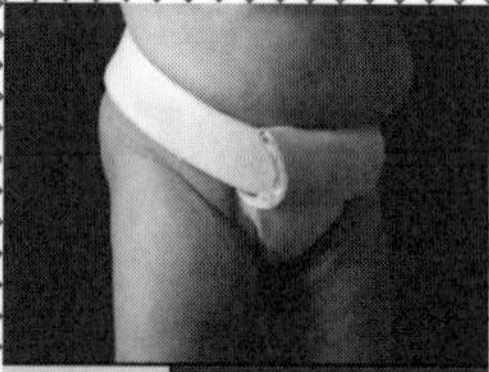

相撲の稽古まわし

まわしの素材は、テントやトートバッグでも使う「帆布」！

「帆布（はんぷ）」と聞いて、いったいどんなものを思い浮かべるだろうか？　トートバッグや手袋などの素材、またテントの布としても使われている、と聞けば想像つくかもしれない。「主に綿や麻で織られる厚手の生地」だ。

生地も、また帆布で作られた製品も、近年、中国で生産されたものを輸入するケースが多く、中国の人件費高騰もあって、ベトナム、バングラディッシュなどにシフトしているといわれる。

だが、そんな中で、一貫して日本で作り続けている帆布製品がある。相撲の稽古をする際にしめる「稽古まわし」だ。まわしは特別に厚さがあるので、それを織れる織機がほぼ日本にしか置いてない。あとは、まわし自体、相撲部のある学校も少ないし、今はそんなに需要がないので、わざわざ外国で安く大量生産するほどでもない。帆布には、厚さによって「特1号」から「11号」まであって、号数が増えるほど薄くなる。大相撲の力士の場合は、もちろん「特1」で、高校相撲くらいになると2号とか3号くらいが多くなる。素材は綿。

メーカーは、専門の織機を持つ工場にまず発注する。通常はたとえば1000メートルとか2000メートルとかまとめて作ってもらう。工場は、バッグやテントなど、他の製品を作っている合間に、生地を1カ月くらいかけて織る。「特1」などは糸をたくさんかけて織っていくので時間がかかるのだ。手織りとかではなく、機械で織る。

1メートル織るのに綿自体は厚手の「特1」でも500〜700円といったところで、人件費などの必要経費を加えると1200〜1500円くらい。

これをメーカーは、相撲協会やアマチュアの相撲連盟などには、切って100m巻きなどにして、20〜30万円くらいで売る。1人分がだいたい6メートル半前後なので、それで15〜16人分くらいは取れる。1人分は1万5000〜2万円くらい。大相撲の本場所で関取がしめる絹の「締め込み」が50〜100万円くらいはかかるのに比べ、ずっと安い。ただメーカーにとって楽なのは、まわしは生地さえ織れば、あとはトートバッグ作るみたいに加工がいらないこと。そのまま渡せば、力士側が自分の体に合わせて切ってくれる。

そのままにしめると硬いので、熱湯で煮て柔らかくしてからしめる、などといった手間も力士の方がしてくれるとか。メーカーは在庫のリスクもあって利益も少ない。やはり日本文化の継承という使命感で続けているとか。

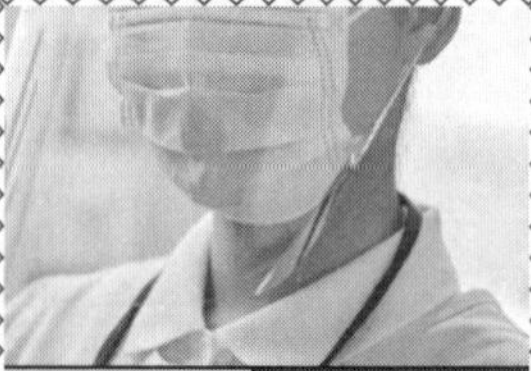

マスクとフェイスシールド

コロナを象徴するアイテム！　もはやコロナ関連のヒット商品は出ないでほしいが！

　コロナショックが発生して以降、最も話題になった商品といえば、やはりマスクだろう。

　主に化学繊維で作られる、いわゆる使い捨ての「不織布マスク」は、中国の工場などで大量生産されるものが多く、本来、現地での製造原価は50枚入り1箱が１００円以下ともいわれていた。ところが、それがマスク不足が騒がれた２０２０年の４～5月ころ、日本での小売価格は２０００～３０００円以上にハネ上がり、しかも品薄で手に入らない異常な状況が続いた。

　その後は、さすがにすっかり落ち着いている。中国製品が多いが、だいたい小売店は日本の卸業者から４００円前後で仕入れて５００円くらいで売っているのが一般的。大手ドラッグストアでも、仕入れ値は２００～３００円くらい。

　この不織布タイプよりも価格としては高めだが、需要が高まったのがウレタンを使用したマスクだ。ゴムのような弾力性をもち、素材がやわらかいため、長く使っていても耳が痛くなりにくく、しかも水洗いが出来る。その上、色の乗りがいいために、カラフルなデザインを楽しめる。マスク着用が当たり前になっている間、よりマスクにファッショナブルな要素を求めるなら、ウレタンの方がいいわけだ。ウレタンマスクは、仕入れ原価は1枚30～50円程度、それが小売価格では15枚セットで1500～2000円とかになった。

ところがそのウレタンマスク、飛沫を十分にカットできず、感染予防にあまり効果がないとのデータも出て、すっかり下火。

さて、それら以上に、注目が集まったN95マスク。特別に微細な粒子をシャットアウトできるもので、飛沫によるウィルス感染を防ぐためにはより効率的とみられた。

デメリットとしては、口全体を覆ってしまうために息苦しいし、スムーズに活動しにくいとの声もあったが、直接、感染者と接触する医療従事者の必需品といわれた。

どちらかといえば、一般向けより医療従事者向け。ただし小売価格で1枚100～200円くらいのものがネットなどでけっこう出ている。

コロナ禍前では、ほとんどの人たちがその存在を知らず、突然、需要が急増した商品というのもいくつもある。代表的なのがフェイスシールドだ。医療関係者の間では知られていても、一般人で知る人はほとんどいなかった。ところが、コロナウイルスの感染拡大とともに事態は一変。2020年の4、

5月は、本来は仕入れ値も1枚100円以下のものが、500円くらいした上に、それでも手に入りづらかった。

最もシンプルな形のフェイスシールドといえば、頭につけるゴムバンドとプラスチックだけ。これなら大量生産も簡単で、製造原価は30~50円以下にも抑えられる。現に、最もよく使われていた中国産製品はそうして作られるため、簡素なものなら100円ショップでも売られていたくらい。

様々なタイプが登場したが、ヒット商品になったのがメガネをかけるようにつけるメガネタイプ。もともとの、頭に巻き付けるものだと、どうしても長く装着すると頭が痛くなるし、おでこにあともつく。その点で、フレームから少し離れてシールドが付くため、顔にくっつかないのだ。しかも女性にとっては、髪が乱れないし、化粧が崩れにくい。空いたすき間から熱を逃がすためにシールドが曇りにくい効果もある。

このメガネタイプも、すぐに100円ショップにも出回るようになった。

なお、2021年に入って、フェイスシールドの需要は一気に落ち込んだ。

何しろ、飛沫を飛ばしたり、飛んで来るのを防ぐのが目的なのに、あいたすき間から出入りする危険が高く、マスクと併用しないと、さほど効果が認められないのだから。

正直、もはやコロナ関連のヒット商品とかは出ないでほしい。

おわりに

アサヒ芸能で、この『あなたの知らない原価の世界』が始まったのが2019年の正月。それで、すぐ翌年にはコロナウイルスが猛威を振るって、クラスターだ、緊急事態宣言だ、東京オリンピック延期だ、と上を下への大騒ぎがやってきた。

でも、このコラムは、直接、現場で働いている業界関係者に話を聞かないと書けない、と思って、極力、電話やリモートではなしに、会いに行った。ありがたいことに、数多くの人たちが、嫌がらずに会ってしゃべってくれた。

で、感じた。TVなどでは、いかにもコロナショックで倒産続出、世界中が大パニックみたいな報道が続いたけれど、実はそんなに大打撃ってほどでもないんじゃないか、と。大きな被害を受けたとされる旅行業界、飲食業界、エンタメ業界の人たちと会っても、コロナに関しては、皆さん、案外、楽天的だった。

「どうせいずれは収まるし、なるようになる。自分のペースを崩さずに商売していけばいい」

それよりももっと頭を悩ましていたのが慢性的人手不足だったり、後継者難だったり。特に建設関係の人たちなどは、

「日本人の若者で、現場仕事をやる人間がほとんどいない。いまだに、団塊世代の人たちが現場を支

えてる」

と口々に嘆く。そして、こうも言うのだ。

「そのうち日本には、家を作るヤツも壊すヤツもいなくなるんじゃねぇの」

壊す人間がいなくなって、崩れかけた空き家ばかりが林立する未来の日本って、想像すると、ちょっとホラーだ。

だが、一方では空き家になった古民家を改装して宿泊施設やカフェを作ったり、町や村を活性化する取り組みも日本全国で行われている。原価の取材をしていると、それを手掛けるリノベーション業者の人たちとも会える。彼らは言う。

「タダ以下になったモノを、自分たちの手で価値あるモノに変えていくほど楽しいことはない」

こんな、いろんな人たちの言葉を、直接聞いて回れるのこそ、「原価という妖怪」にこだわる「妖怪ウォッチャー」の醍醐味なのかもしれない。

アサヒ芸能編集部の石井聡さん、こんな楽しい仕事をやらせていただいて、ありがとうございます。それともちろん、取材にご協力いただいたたくさんの皆さん、本当にありがとうございます。機会があれば、またうかがいます。

著者略歴

山中伊知郎

昭和29年東京出身。お笑い関連本、健康関連本などを多数執筆。2012年より、株式会社山中企画代表として、自らが発行元になって単行本も多数発売。

山中企画近刊に『タブレット純のムードコーラス聖地純礼』(タブレット純・著)、『腸を診る医学』(田中保郎・著)などがある。

あなたの知らない原価の世界

2021年12月28日 初版発行

著　者◆山中伊知郎

発　行◆(株) 山中企画
〒114-0024 東京都北区西ヶ原3-41-11
TEL03-6903-6381　FAX03-6903-6382
発売元◆(株) 星雲社(共同出版社・流通責任出版社)
〒112-0005　東京都文京区水道1-3-30
TEL03-3868-3275　FAX03-3868-6588

印刷所◆モリモト印刷
※定価はカバーに表示してあります。

ISBN978-4-434-29802-8　C0063